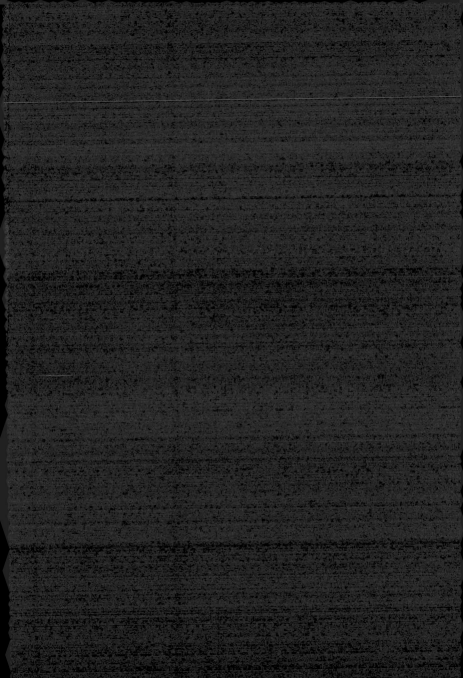

意志の取扱説明書

茂木健一郎
Kenichiro Mogi

心を入れ替えようと頑張っているあなたへ

Operating Instructions of Will
For People Trying to Change Their Minds

実業之日本社

プロローグ

人生、思ったようにいかない。

一生懸命に頑張っているつもりでも、会社の同期や学校の同級生とは差が開くばかりだ……。

僕はYouTubeチャンネルで、相談を受け付けているが、そんな悩み相談がよく届く。

同期が世間的にいい大学をでて、有名企業に入ってすいすいと問題なく仕事ができていたり、同級生が何の悩みもないかのように勉強ができている姿を見たりすると、引け目を感じるという。

でも、いまは効率よく、コスパとかタイパとかいいながら、仕事や勉強をうまくこなしているように見えるかもしれないけれど、それは会社にうまく使われているだけだったりする。いまは組織の中をうまく立ち回っているかもしれないけれど、この先、同じ調子が続くかというと、世の中それほど甘くないと思うのだ。

うまくいかないなと悩んでいる人は、自分が停滞しているように感じるかもしれないけれど、それにあまり気を取られないで、自分が何をやりたいのかを考え、これが自分が進むべき道だと目標を決めることだ。その決断ができたら、あとはそれに向かって一直線にいく。他のことを捨ててもいいから。

そんなふうにアドバイスしたことがあった。

この本の編集者ムラシマ君も同じように悩んでいた。

大学に入るときに二浪している。第一志望は早稲田大学だったが、結局入れなかったのだ。その間は相当苦しかったようだ。結局、中央大学に入って哲学を勉強したらしいが、大学在学中も、いろいろと悩み多い五年間を過ごしたようだ。卒業後、紆余曲折はあったけれども、いまは実業之日本社という、この本を出版する会社で編集者をしている。

入社後初めて手がけた『諜・無法地帯　暗躍するスパイたち』（勝丸円覚著、山田敏弘構成）が売れたので、表紙を僕に見せて嬉しそうにしていた。少々回り道をしたけれど、いい仕事ができてよかった。

大切なことは、回り道、失敗も含めて経験し、その中で自分の意思決定の精度を磨いていくことだ。結論に導くパラメータ（意思決定に関わる外部条件など）が多様であればあるほど正確な判断ができるからだ。うまくいかなかった体験だってまったくムダではないのだ。

そうした決断を、今後助けてくれそうなのが、人工知能（ＡＩ）である。ＣｈａｔＧＰＴが急速に広がり始めた。

僕は今後、ＡＩを使いこなせない人は生き残っていけないと断言している。さまざまな課題に対して、生成ＡＩが多くの選択肢を与えてくれる。その中から適切に選択していけば、仕事は効率的にできるし、よりクオリティの高いものができるだろう。だから、「正確に意思決定する力」はこれまで以上に必要なのである。

傑出した意思決定の能力をもっている経営者といえば、イーロン・マスクだろう。マスクが行ったある特定の決定事項について、そのプロセスをＡＩの中で再現しようと思えばできるかもしれないが、ＡＩでマスクと同じような意思決定ができるソフトをつくろうとしてもまず無理だろう。意思決定に関わっている神経細胞のネットワークが複雑すぎるからだ。

日本の経営者でも、たとえば、ソフトバンクの孫正義さんや、ディー・エヌ・エーの南場智子さんのような優れた人の意思決定を調べても再現は難しい。

ジャンルはがらりと変わるが、僕の友人、キングコングの西野《にしの》亮廣《あきひろ》さん、ひろゆきさん、堀江貴文さんの意思決定のあり方を調べても、これらの人たちがそれぞれの現場や状況でどういう意思決定をしてきているのかをつぶさに見ると、脳の神経細胞のネットワークのパラメータはあまりにも複雑になるだろう。

こういう誰にも真似ができない「絶対優位性」のある能力を、英語で「モート」という。ＡＩ業界関係者の中で最近、よく使われる言葉で注目されている概念なのだが、残念ながら、日本ではあまり注目されていない。

イメージとしては城の周りのお堀、本丸を守るものである。

たとえばこんな風に使われる。

先日、Ｇｏｏｇｌｅが次世代ＡＩモデル「ジェミニ（Ｇｅｍｉｎｉ）」を発表したが、「ＧｅｍｉｎｉはＯｐｅｎＡＩのＣｈａｔＧＰＴに比べて、どういうモートをもっているのか」。

「モート」を持っていると勘違いしそうなのが次のような人だ。

「東大王」に出ているような東京大学を卒業した学生たち。東大を卒業したことや、クイズ王になったこと自体、実はモートにならないのだ。クイズに対して答えを言うという行為が、AIに比べて絶対優位性は勝ち取れない。将棋や囲碁でさえ、AIにはなかなか勝てない状態が続いている。

ただ、東大生やクイズ王がモートになれるときがあるとしたら、それはAIをトレーニングするときに、一般常識クイズを使う場合があるが、そこで使うクイズ問題の作成に関わるときだ。その方法が誰かにマネされるまでは、モートであり続けられるだろう。

では国家資格ならばモートになるかというとこれもなりえない。医師や弁護士などの難関資格でさえも完全にコモディティ化、つまり差異を見いだしにくくなっているからだ。

では、いったいどういうものがモートになるのか。

一言でいえば、自分の人生における意思決定のパターンが、「モート」になりうるのだ。

どんな人生を歩み、どんな意思決定をしてきたかという蓄積が反映されていく。

では「モート」になりうる意思決定、正確な意思決定の能力はどうすれば磨けるのか。

この本では、「意思決定の科学」を脳科学的な切り口も交えながら、「モート」になりうる意思決定をするにはどうしたらいいのか、どうすれば正確な意思決定が下せるかを書いていきたいと思う。

プロローグの最後に、一言だけ重要なことを書いておくと、「脳」は「自然」と同じで、むやみに急がせることができない。草が生えたり、木々が成長したり、蝶が卵から幼虫、さなぎ、成虫となったりするスピードは、それほど大幅に速くすることはできない。草木などは成長促進剤を使えば、多少速くできることはあっても、成長のプロセスをショートカットすることはできないのだ。

つまり、脳というのは、地道に、ときに痛い目にもあいながら、成長していくもの。時間がかかるのだ。だから思いついたら、できるだけ早く始めた方がよい。

このように書くと、中高年世代は追いつくのが難しいのではないかと思われるかもしれないが、そんなことはない。僕ももう還暦をすぎてしまったが、意思決定の精度を磨くことをいつも意識して実行しているし、その成果を感じている。取り組むことに遅いということはないのだ。

そうして得た意思決定の能力によって、あなたは「あの人、最近いいよね」といった声をかけられるはずである。また、それによってあなたを自由にしてくれるはずだ。

意志の取扱説明書　心を入れ替えようと頑張っているあなたへ　目次

第1章 しばしば人間は誤った選択をする

第2章

あなたは自分の意志ですべてを決めているか？

第3章

正確な意思決定をするには何が必要か？

第4章

日本には意思決定を邪魔するもので溢れている

第5章 自由意志を発揮するために必要なこと

第1章

しばしば人間は誤った選択をする

教育問題について講演したとき、いまでも忘れられないことがある。

今の教育に関して、ペーパーテストばかりやっているとダメです。偏差値なんて意味があるものではなく、塾が自分たちが商売をやりやすいようにつくったものです。もっと個性を大事にする教育を重視すべきだ。たとえば一人ひとりの興味関心に基づいたプロジェクト型学習や探究型学習をしましょう——などと話した。

皆さん、相づちをうって聞いてくれているので、わかってくれたのかなと思っているのだが、驚かされたことがこのあとにあった。

講演が終わったあと、一人の女性が僕のところに近づいてきて質問を投げかけてきた。

「偏差値が高い中学校に入れるにはどうしたらいいのですか?」

僕が喋ったこととあまりにもかけ離れた質問なので、あえてこう聞いた。

「お子さんに、なぜ中学受験をさせるんですか」

するとこう答えた。

「まわりのご家庭がみんなやっていらっしゃるから」

そのときは驚いたのだが、その後も同じような質問をしてくる保護者に何人も会うことになる。

「うちの子だけやらないと取り残されちゃうかなと心配になって」

という親もいた。

要するに、自分の意志で、子どもに受験させるかを決めているというより、周りがやってるからウチも……というわけだ。

〈自分で自分の運命を決定しない〉

そう感じることはよくある。

自分の運命を他人に任せる日本人

就活生と話していても、同じことを感じる。

腹の底では新卒一括採用なんてクソくらえだと思っているかもしれないけれど、周りがやってるから不安になって、せっせとエントリーシートを書いている。同じようなリクルートスーツを着るのも内心ヘンだなと思っていても、自分一人だけ着ていかなければかえってワル目立ちする、などと他人を気にして、自分で決めていない印象だ。

会社選びも、多くの学生は毎度同じように、人気企業にこぞって応募する。リッチになりたいのなら、地味で華やかさには欠けるし、会社の規模は小さいけれど、すごく高い給与の会社はある。やり甲斐を得られる企業もその気になって探せば、会社の規模を気にしなければある。

世間体を考えつつ、あるいは自分のまわりの仲間たちの態度をみつつ、大勢のやることからはみ出さないようにする。自分というよりも何か空気のような、不確かなものに影響されながら意思決定をする……。

日本人全般に、そういう考え方をする人が多い。

自分で意思決定をして、自分の運命を切り開こうという気持ちも弱いように感じる。これは学校教育の問題も関係していると思うのだが、意思決定に不可欠なプロセスさえ経ていない傾向がある。

一方で、インフルエンサーといわれる人の、妙に〝優しい〟コメントを真に受けて、自分の歩む道を選ぼうとしたりする。意思決定自体がふわふわとして、主体性がないように感じるのだ。

自分で自分の運命を決定できるような人生を歩む人が一人でも多くでてきてほしい。

そのためには的確な意思決定をする必要がある。でも、学生の場合は若さゆえ経験が浅いこともあるのだが、間違った考え方をして判断を間違ってしまう場合がある。そこで、陥りやすい間違いを紹介しながら、なぜそうした間違った判断をしてしまうのか、間違わないために何が必要かについても書いていきたい。

打算に基づいた目標設定は失敗する

まず、目標設定の仕方について書きたい。

何を目指すかが大事なのだが、それについて書くとき、絶好の題材が身近にいた。プロローグにも登場した、この本の編集担当、ムラシマ君である。

会って二度目ぐらいから馬が合ったのか、親しみを込めて「ムラシマ」と呼ぶようになった。だから、以下は敬称を略して「ムラシマ」と表記することにする。

いまはそこそこ実力を発揮して頑張っているが、学生時代はかなり曲がりくねった体験をしている。

彼の話は特異性もあるが、僕が講義する大学の学生の話とかなりダブる部分がある。いまの若者が抱える標準的な問題と重なっているので、一例として出してみたい。

さて、ムラシマは現在二十八歳。奈良県で生まれて、すくすくと育ったのだが、大きな壁にぶち当たったのは大学受験の時だ。県立の中堅進学校に通いつつ、早稲田大学を目指していたのだが、現役で受験するが果たせず、一浪。一年間勉強に励むも失敗。何としても早稲田合格の目標を語る息子に対して親はこう言った。

「早稲田なんか行かんでもええやないか。関大（関西大学）とか関学（関西学院大学）みたいに、身の丈に合った学校にいったほうがええんとちゃうか」

しかし元来ねちっこいというか頑固なムラシマは、そんな親の意見に耳を貸さず早稲田大学にこだわった。

それにしてもなぜムラシマは二浪までして早稲田大学に入ろうと思ったのか？

「ある経済雑誌が、早慶特集をしていて、それを読んだら、早稲田大学出身の社長が多いことがわかったんです。それがいちばん大きかったかな」

それを聞いたとき、正直、えっ？　と思った。それだけ？　と。

二浪するには、もっと大きな理由があったと思うのだが、どうやらそれだけだった。

社長が多いとは言うが、他の大学でもそれなりに経営者を輩出しているはずだ。経営者の数はどういう基準で選んだのかもわからない。経済誌だけでなく、他のデータを探してもいいのにとも思った。

ムラシマは文系志望だったから、状況は違うが、理系の研究室の教授一人に対する学生の人数は、国公立大学の方が恵まれている。理系で言うと、国公立の場合、卒業研究で配属される学生の数は、一研究室あたり、一人か二人。それに対し、僕の知り合いの教授が勤務する某有名私立大学の理工学部は、一人の教授が三十人ぐらいの学生を見ているのだそうだ。単に数字だけの比較だが、客観的な指標をもっと見た方がいいだろう。

そもそも論だが、どんな経営者になりたかったのか、あるいはどんな仕事をしたかったのかと聞いてみても、はっきりした話は何一つなかった。また、経営に詳しい教授陣が早稲田にいるかどうかについて調べている形跡もなかった。

経営の中身はぼんやりとしているのだが、自分が目指す経営者ははっきりしているようだった。誰もが知る人物の名前をあげた。

「イーロン・マスクのようになりたい」

「○○のようになりたい」というのはよく聞く目標設定だ。悪いとは言わないが、あまり勧められるものではない。

ここに注意を払っていれば、違う選択ができたのではないかと感じる部分もあったので、以下に述べたいと思う。

年収をいくらにしたいという目標設定はダメ

まず、イギリスの経済学者チャールズ・グッドハートによって提唱された「グッドハートの法則」である。

その法則を一言でいえば、

「成果を測るための尺度が目標になると、その目標はいいものではなくなる」

ということになる。

「成果を測るための尺度が目標になる」とは、たとえば「年収をもっと上げたいと、必死に働く」という状態を指す。そうではなく、

「がんばって働いていたら、いつのまにか年収が上がっていた」

というのがいい状態だと、グッドハートは言う。たとえばバイクのことが大好きな人が、世界に一台しかないバイクを設計していたら、それが好評を得て、社内でも実力を認められ、責任ある立場に昇進し、給与もアップした……というパターンだ。

きわめてシンプルで、ストレートな動機と結果である。

勉強についても、偏差値を上げるためにはどうしたらいいかという直接的な目標を掲げるのではないということだ。教科の勉強だけでなく、好奇心旺盛にいろいろな本を読んだり、映画を見たり、音楽を聴いたり、あるいは、いろいろな人に会ってさまざまな体験したりするうちに、成績も良くなったというのが理想なのである。

音楽家の三枝成彰《さえぐさしげあき》さんの話は興味深い。三枝さんといえば、「機動戦士ガンダム」や「スーパーロボット大戦」といった作品に楽曲を提供している音楽家ということで知っている人もいるだろうし、映画やＮＨＫ大河ドラマへの楽曲も多数提供している作曲家として認識している人もいるだろう。キャスターやコメンテーターとして活躍していた頃を覚えている人もいるかもしれない。

いずれにしても、世間的には、功成り名を遂げた音楽家なのだが、彼は満足していない。三枝さんが本当に手がけたいのは、オペラだからである。バイロイト音楽祭でワーグナーの「トリスタンとイゾルデ」というオペラが上演されるとなると、たとえばチケットが百万円であっても、それを買ってドイツに行くような人だから。

もちろんオペラがそれだけ好きだし、音楽家としてオペラで評価されたいからである。ガンダム作品の曲は、売れれば嬉しいだろうが、それだけでは満たされない部分があるのだ。

三枝さんの話を聞いていると、「売れるということが、必ずしもその人の満足にはならない」ということがわかる。贅沢な悩みかもしれないが、そんなケースが多いような気がするのだ。

だから、自分の好きなことや純粋に打ち込めることを優先した方が、おそらく幸せな人生を送ることができるのではないかと考える。

もちろん、好きな服を買いたい、美味しいものを食べたい、理想の家に住みたい、あるいは海外を旅して、ゴージャスなホテルに泊まりたいという希望があって、それを叶える手段としてお金があったらいいなということはあると思う。しかし、お金があればそれで人間の欲望が満たされるのかというとそう単純なものではない。

経済的に恵まれた起業家を知っているが、お金だけで満足できているかというとそうではないのだ。そんな事例をたくさんみてきた。結局、いくら儲けてもあまり幸せじゃないというような人は珍しくない。

僕も三枝さんほどではないが、覚悟を決めて脳科学者になった経緯がある。

僕は最初から脳科学者になろうとしていたわけではなく、自分が知りたかったり、研究したいと思ったりしたことをひたすら追求していったところ、気がついたら脳科学者になっていたのだ。

実をいえば、研究分野を脳だと決めた頃、脳科学なんて超地味な学問領域で、研究にしようという人はかなりの少数派だった。僕などはハッキリ言って変わり者扱いだったのだ。周囲からも「脳研究なんて、やめておいたほうがいいよ」といわれた。スポットの当たらない学問分野なんかに手を出すと、経済的に苦労することになる場合が珍しくないから、親切に助言をくれたのかもしれない。

でも僕は「考えること」や「心とは何か」ということを研究したかった。その時点で、収入や将来のことはあまり考えなかった。

そうしたら、のちに脳科学ブームがやってきて、僕にテレビなどからお声がかかるようになり、覚えている方もいるかもしれないが、「アハ体験」を番組の中で話すということになったり、ＮＨＫ「プロフェッショナル〜仕事の流儀」の司会を任されたりするようになったのだ。

テレビに出たいとはまったく思っていなかったのだから、人生とはわからないものだ。

何かを成し遂げている人は、何かに没頭している人

「成果」ばかりをひたすら追求する人は、レジリエンス（強靭さ）がない場合が多い。脆いのだ。

イメージとしては焼き物に近いだろうか。素材としては硬いのだが、簡単にヒビが入って割れてしまうみたいな感じなのだ。

文学の世界でいえば、たとえば、こういう世界観を描きたいとか、あるテーマをこれまでとは違った視点で描きたいとか、一途な欲求にしたがって書いているうちに文学賞の候補作にあがることが増えてくる。そうして受賞に至る、という道筋のほうが、目標

設定のあり方としてはよいと思う。たとえば「芥川賞を取りたい」というような目標設定の仕方では、どうしても脆いのだ。

こうした目標設定をしてしまうのは、学校教育のあり方も影響しているかもしれない。野球であれば甲子園を目指せとか、合唱部であれば、コンクール優勝とか、そういうわかりやすい目標設定を提示され、それに向かって努力するのがいいことだ、と教えられるケースが多いからだ。

そんな話をしていたら、ムラシマがこんなことを言った。

「ラッセルっていう哲学者がいるじゃないですか」

「知っているよ、ラッセルぐらい」

哲学を学んだんだよ、俺、と言いたいのだろうか。続けてムラシマはこう言った。

「彼が、『幸福論』という本で、まさに茂木さんと同じことおっしゃっていて。何かを成し遂げている人は、たとえば何か生産している人とか、何かに没頭している人とか。逆にうまく行かない人は、自分の内界ばかりに意識が行って、承認欲求を満たしたい、まわりに認められたい、褒められたい、あるいは何か社会の中で優位に立っておきたいとかっていう、欲望ばかりを見ているって」

面白い。

でも、そういうことわかっているんだったら、早稲田を目指していた自分の間違いを自己分析できるはずだろう。哲学が自分の血肉にはなっていないというか、自分のこととなると意外と気づかないというか。

あなたの隠れた才能が開花するAI時代

これからはAIを使いこなせないと生きていけないと書いたが、旧来型の目標設定からも抜け出せないままだと、人工知能の時代について行けなくなることは間違いない。

わかりやすい例で言うと、音楽ユニットのYOASOBI。ビルボードで一位になるという世界的ヒットになる楽曲をつくったり、NHK紅白歌合戦に出場したりしたわけだが、あの二人は最初から、ビルボードで一位を獲ってやろうという目標を設定して活動したわけではないと思う。そんな目標設定であればあんな新しいアプローチは考えつかなかっただろう。

ＹＯＡＳＯＢＩだけでなく米津玄師などもそうだが、〝ボカロ〟といわれる音声合成ソフトがない時代だったら、彼らが世に出ることはなかっただろう。

ＹＯＡＳＯＢＩの楽曲『夜に駆ける』は、「monogatary.com」という小説投稿サイトで読んだ小説『タナトスの誘惑』をモチーフに楽曲をつくった。

作曲したＡｙａｓｅさんというのは、音楽大学で音楽理論を学んだエリートではないし、ストリートで知られたミュージシャンでもない。

ピアノは幼い頃に習っていたようだが、バンドで成功するために上京したがさっぱり売れずに、自ら命を絶とうかと何度も考えた。

絶望の中で出会ったボカロを使って、自殺願望を描いた小説に触発されて曲を書いた。それをＳＮＳにアップするうちに知られるようになった。

これまでのアーティストとは違ったスタイルで音楽シーンに登場したのだ。ＹＯＡＳＯＢＩは新しい時代の象徴である。

生成ＡＩの実用化が進むと、芸術の分野だけでも、もっといろんな作品が生まれるだろうし、これまで発揮できなかった能力が開発され、新しい才能が世界に飛び出していくに違いない。問題はその能力に自分が気づくかどうか。その能力を信じられるかどうか。

いまだに、就活学生の人気企業ランキングに、有名企業の名前が列挙されているのを見ると、大丈夫なのかなと思う。

「努力すればどんな目標もクリアできる」は本当か

目標に向かって進んでいくときに、みんながスムーズにクリアできるわけではない。壁にぶち当たることもある。そんなとき、なぐさめるように、また応援するようにこんな言葉が使われる。

「君が努力すれば、どんな目標でもクリアできるんだよ」

自己啓発書にはよく書かれているし、テレビや雑誌にでている著名人なども若者を励ましたりするときによく口にする。Ｊポップなどの歌詞にもこういう内容を含んだものをよく耳にする。

かくいう僕自身も、つい口走ってしまった過去がある。この場をお借りしてお詫びしたい。

それはともかく、この言葉は「メリトクラシー」の反映なのかもしれない。メリトクラシーとは、「能力主義・成果主義」といった言葉に訳されたりする。

古くは生まれた家柄や身分といった出自によって未来が決まっていた。王を中心とする貴族たちが社会の支配層を構成したため「アリストクラシー」などと言われる。

近代になり、個人の能力・才能を努力によって磨き、成功を収める機会に恵まれるようになった。それは身分などに影響されず、努力によって自分の未来を切り開いていけるということで、大勢の人に夢を与えたし、歓迎されたし、結果として公平な社会の一助になっただろう。

しかし、時代を経るにしたがって問題がでてきた。

ハーバード大学教授のマイケル・サンデルが、著書『実力も運のうち 能力主義は正義か？』（早川書房）の中でそれについて鋭く指摘している。メリトクラシーは、富裕層の固定化を進め、学歴偏重を生じさせ、社会の不平等を加速させた。

と同時に、社会で成功するためには高い専門知識や学位が求められるため、大学への進学率が高まり、受験戦争は苛烈を極めることになった。その戦いを勝ち抜けるのは、受験準備に多額の予算を投入できる、経済的に余裕のある家庭の生徒だけという傾向が強くなった。

その結果、社会の分断が進んだ。

受験競争の勝者は、

「恵まれた状況にいるのは、自分が努力した結果だ」

と思い込み、敗者を

「本人の努力が足りないせいだ」

と切り捨てる風潮が生まれた。

もちろん恵まれた環境にあっても、努力しなければ合格を勝ち取ることはできないわけで、勝ち抜いた人はその努力を評価されるべきだ。

しかし一方で、経済的な理由で受験するチャンスさえ得られない、受験競争のスタートラインにすら立てない人がいる。そういう人の存在が視野に入っていないことが根深い問題だ。

僕は、メリトクラシーの考え方は極めてナイーブ、つまり幼くて、世間知らずすぎると考えている。

「才能×努力＝成果」という公式で求められる面積があったとして、誰もがその公式で成果を上げられるはずだという前提自体が間違っていると思う。

繰り返すが、いくら努力しても、諸条件が整わなければ成果が出せないことがある。受験だけでなく、実社会でも、同じようなことを体験する。実は僕自身も同様の体験があるのだ。

意識の起源を説明する理論には、二大勢力がある。グローバル・ワークスペースと統合情報理論。しかしそうしたコミュニティのいずれにも僕は属していない。いわば少数派なのだ。僕は日本の中では、それなりの知名度があって影響力もあるが、意識研究の国際会議において、僕は全くの少数派である。

昨年も会議に行ったとき、はっきりわかったのは、この人たちと話すことは一秒もないなということだ。話しても、彼らから得ることは何もないからだ。僕の意識研究に対するアプローチは、今の学会のメインストリームとは違って非常に特殊だから、話がかみ合う研究者がいないのである。

学会の中で、その二大勢力同士が、「こっちが勝った」「あっちは負けだ」と言っている。しかし僕は、「どっちも間違っているよ」と考えている。

僕は自分のアプローチの方が、おそらく正しいと思っている。百年後、二百年後、僕は生きていない可能性が高いけれど、いつか僕のアプローチが正しかったと証明される日が来るだろうと信じている。

そういう中にいて、人に認められない苦しみや葛藤をいつも抱いているから、自分が認められない人の苦しさはよくわかる。

世の中とは、そんなにフェアでもない気がする。

低迷したら、軌道修正すべき

悩みを抱えたとき、あるいは迷ったとき、壁にぶち当たったとき、どうすればいいのだろうか。

これまでの努力が報われるように、自分が辿ったルートをそのまま歩み続けるべきなのか。はたまたこれまで取ってきた方法はやめて、軌道修正を図るべきなのか。

軌道修正をはかった人がいる。陸上選手として活躍した為末大《ためすえだい》さんである。為末さんは、四〇〇メートルハードルの選手で、二〇〇一年、二〇〇五年の世界陸上競技選手権大会（世界陸上）で二度銅メダルに輝いている。陸上トラック競技種目で、日本人がメダルを獲るのは初めての快挙。しかもシドニー、アテネ、北京と三大会連続でオリンピックに出場している。

輝かしい成績を残した為末さんだが、実は競技種目の転向を行っている。

彼は、中学生までは一〇〇メートルのランナーで、記録を更新していた。中学三年のときには、一〇〇メートルだけでなく二〇〇メートル、四〇〇メートルでも一位となった。

そんな為末さんにも壁が立ちはだかった。

高校生になってから記録が伸び悩むのだ。それまではご多分に漏れず、「頑張れば夢はかなう」という考えで努力を積み重ねてきて、実際に記録も伸びてきたのだが、伸び悩む自分の力を冷静に分析した。そこが彼のきわめてクレバーなところなのだが、このまま一〇〇メートルなどの短距離を続けても、かつてのように上位でいることはできないだろうと考えた。

為末さんによると、短距離を諦めた理由は単純なことらしい。一言でいえば、足の形状。詳しい比率は忘れてしまったが、バランスや形が短距離に向いていないことがわかったというのだ。確かに、スポーツ選手は種目によって体型が違う。スポーツのことをよく知らない者でも、バスケットボールの選手と、砲丸投げの選手とは全く体型が違うのがわかる。オリンピックの選手村に行くと競技種目による体型の違いは歴然らしい。

古代オリンピックの頃は、「理想の肉体」というのがあったようだ。理想というのは、特定の競技に優れているのではなく、どんな運動でもできる体型のことで、それが古代オリンピックの「五種競技」になり、「十種競技」へと発展した。「五種競技」では、レスリング、円盤投、やり投、走幅跳、スタディオン走(約二〇〇メートルの直線走)。「十種競技」は、一〇〇ヤード走、砲丸投、走高跳、八八〇ヤード競歩、ハンマー投、棒高跳、一二〇ヤードハードル走、五六ポンド重錘投、走幅跳、一マイル走。そうした競技をするのに理想化された肉体が、ギリシャの彫像などになっている。

長年付き合った彼女と簡単に別れられない本当の理由

話はそれてしまったが、為末さんの著書『諦める力』（プレジデント社）には、「勝つために、一〇〇メートルをやめ、ハードル競技に転向した」と書かれている。為末さんは顧問の先生に勧められてハードルに意識を向け始めるのだが、トップハードラーの走りを見るうちに、勝算ありと判断したようだ。

日本では、勝つために種目を変えるというのは、動機が不純だといわれるが、為末さんはかまわず決断している。

為末さんは「サンクコスト」の概念をよくわかっているのだ。

映画の上映が始まって、五分～十分みただけで、とんでもない駄作だと気づくことがある。せっかく鑑賞券を買ったのだから、途中ででるのはもったいない。とりあえず我慢して二時間ぐらいみてみようと考えるのか。時間がもったいないから途中で外に出るのか？

「サンク」とは、〝Ｓｕｎｋ〟（Ｓｉｎｋ〈沈む、埋没する〉の過去分詞形）のことで、投資してしまったお金や時間という意味、つまり戻ってこないもののことを言う。映画の場合ならば、どうせ鑑賞券は戻ってこないからと損切りして、二時間近くの時間を有効に使うために、退場しようと考えるのが賢明だ。

恋愛でも同じことがある。彼女と何度もデートし、それなりのレストランでご馳走もし、プレゼントもしてきた。にもかかわらず、最近、彼女が冷たくなってきて、別れを告げられた。が、これまで彼女にかけてきた時間とお金のことを考えると、簡単に別れることなどできない。気持ちはわかるが、サンクコストだと諦めて、できるだけ早く新しい出会いをみつけたほうがよい。

為末さんも顧問の先生からハードルへの転向を打診されたようだが、身近で生徒や選手のことをよくみている人のアドバイスは貴重だ。

先ほども名前があがったラッセル。彼は哲学者ルートヴィヒ・ヴィトゲンシュタインの才能を見いだしている。

ヴィトゲンシュタインは学生のときに、プロペラエンジンの開発をしていたが、哲学にも興味があり、どちらに進もうか迷っていた。

そこでまず、彼はラッセルにエッセイだったか、何か自分の書いたものを読んでもらうことにした。それでダメだと言われたら、プロペラエンジンの研究に専心しようと思っていたようだ。

するとどうだろう、ラッセルは、ヴィトゲンシュタインの書いたものを読んで評価し、「君は哲学をやりたまえ」と勧めたのだ。

人は、ラッセルのように、的確に人物の才能を見いだす人物と巡り会えるかどうかで、将来が大きく変わることがある。

自分では判断がつかないときには、ヴィトゲンシュタインのように、人に聞くことをお勧めしたい。

大学入試ですべてが決まると勘違いしてはいけない

ムラシマは偏差値でいえば高い位置にランクする早稲田大学を目指したが、その望みを叶えられなかった。

ただ、偏差値が高い大学に入学できたところで、その人が優秀であることを保証するものではないし、人生の成功が約束されるわけでもない。

こんなことを偉そうに言ったところで、大学入試に備えて必死で勉強している人の耳には届かないだろうと思うが、あえて「入試の問題なんて、別に大した課題ではない」ということは言っておきたい。

さきほど触れた古代オリンピックにおける理想化された身体のように、入学試験で、理想化された知性が身についているかをスクリーニングできるわけではない。だから、知性が優れた人でなければ大学入試の問題が解けないというわけではないのだ。

学校や入試というシステムは、多くの優れた才能を見いだすことなく、平気でバッテンマークをつけている。今も昔もだ。

いちばん印象に残っているのは、Ｍａｔｚ（マッツ）さん。Ｒｕｂｙ（ルビー）というプログラム言語を一九九五年に開発したまつもとゆきひろさんだ。Ｒｕｂｙといえば、国産プログラミング言語第一号で、なおかつ今も世界で使われているプログラム言語である。その開発者なのだから、ある意味では天才だ。しかし彼は、高校三年のときの数Ⅲの成績が十段階評価で一だったというのだ。

歴史的な人物になってしまうが、我が敬愛するアルベルト・アインシュタインも、チューリッヒ連邦工科大学を受験したのだが、一度失敗し、一浪している。アインシュタインほどの天才でも入試に失敗することがあるのが入学試験だ。

もっと歴史をさかのぼれば、ナポレオン。もちろんナポレオンがアインシュタインのように一浪しているわけではないが、ゲーテが詩人・エッカーマンとの対話で、ナポレオンが出てきたときにしみじみこう言っている。

「君、行動の天才ってのもいるんだね」

「行動の天才性」は、ナポレオンを教室に入れてペーパーテストをしてもわからない。ナポレオンの実力がわかるのは、彼が台頭してきて、ヨーロッパを席巻した実績を見て初めてわかることで、現行の試験で評価することはきわめて難しい。

この三人のケースをみてもわかるように、入試は、人の能力のほんの一部をチェックしているに過ぎないといえる。受験とは、必ずしも普遍的な評価システムではないのだ。受験には強くて、誰もがうらやむ大学に入ったけれど、社会に出て以降は凡庸になってしまったというパターンは珍しくない。

人間はIQだけでは捉えられない多様な知能を持っている

二〇世紀が始まった頃から、人間の知能に関する研究は進んでいて、まずイギリスの心理学者チャールズ・スピアマンが提唱したのが「gファクター（因子）」である。ひとつのテストがよくできた人は、別のテストの成績もよいという事実から、知能には、いろいろな能力をカバーする共通因子があることを見つけて、「gファクター」と名付けた。「知能指数」（IQ）というのは、そうした中からでてきたのである。

それに対し、「人間にはIQといった物差しだけでは捉えられない多重的な知能」があると提唱したのが、ハーバード大学教育学大学院教授のハワード・ガードナーだ。ガードナーの多重知能理論によれば、人には「マルチプル・インテリジェンス」が備わっているという。大きくわけて「八つの知能」があるとし、言語、論理・数学、空間、身体・運動、音楽、人間関係・形成、自己観察・管理、自然と分類している。

知能とは単一なのか、複数の能力によるものなのか――この大論争はまだ決着がついたわけではない。いまだに論争が続いている大きなテーマである。

僕は、受験もそうだし、企業が従業員の能力・パフォーマンスを測るときの物差しがモノカルチャーすぎると考えている。いまでも日本の入試はペーパーテスト絶対主義の傾向が強いから、点数が一点でも高い人を入れる。

「公平」のように思うのだが、それもある意味バイアスである。人間の判断を関与させていないのだが、試験日にたまたま頭がボーッとしていて、試験がよくできないということぐらいあるからだ。

だから受験でうまくいった人も、あまり自分の実力を過信せずに歩んでほしいし、受験で失敗したからといって自信をなくす必要はない。後半で述べる方法で十分逆襲できるからだ。

欧米では学力試験さえない大学がある

ここからは、制度としては明らかに優れている海外大学の入試の例を記したい。日本の受験生も諸条件が整うのであれば、こちらの大学を受験したほうがいいだろう。

まず、カナダである。

カナダのトロント大学では、学力試験をしない。この大学には、AI研究の第一人者で、〝人工知能のゴッドファーザー〟の異名をとるジェフリー・ヒントンが名誉教授を務めている。しかもヒントンの弟子にはイリヤ・サツキバーがいる。彼は、OpenAIで、ChatGPTを作った中心人物の一人で、いま非常に脚光を浴びている研究者の一人である。

そんなAI研究の先端を行く人材を生む大学が、学力試験を行わない判断を下したのだ。

ヨーロッパの入試もそうした傾向になりつつある。

たとえばドイツでは、高校卒業資格があれば、基本的にどこの大学でも行けることが前提になっている。医学部がある大学では、倍率が高いところもあるかもしれないが、どこの大学にも行ける。

アメリカは、SAT（Scholastic Assessment Test）という共通試験をこれまで続けてきたが、直近のトレンドでは、カナダ同様に、それさえもやらなくなってきている。つまりSA

Tのスコアは参照しないという大学が増えてきているのだ。

その代わりに増えてきているのが、アドミッションオフィス入試。つまりAO入試である。AO入試になると、その家庭の経済格差が反映されやすいとか、社会的なリソースの影響を受けやすいといった議論があるのだが、少なくとも、ペーパーテストの点数だけで合否を判断するより、多様な人が大学に入ってきやすくなることは明らかだ。

その結果、いろいろな学生がバランスよくクラスを構成することになる。

大別すると……、
・マーク・ザッカーバーグみたいな「オタク枠」、
・イーロン・マスク、スティーブ・ジョブズのようなオラオラ、イケイケの野心的な「マイルドヤンキー枠」
・実家がすごく経済力があるという「レガシー枠」
これら三つをうまく混ぜるのだ。

なぜならMeta社は、旧Facebookの時代から、そうした多様な人材の融合の中から生まれてきたからだ。また、Appleも、スティーブ・ジョブズに、スティーブ・ウォズニアックという超オタクがいたからこそ、うまくいったわけだ。ウォズニアックだけでも、ジョブズだけでも、Ａｐｐｌｅみたいなビジョンは生み出せなかっただろう。

アメリカの大学の評価は、卒業生がいかに実社会で活躍するかで決まる。入試の偏差値や難易度で決まる日本とはまるで違う。

卒業生がどれくらい稼いで、ビジネスでどれだけ活躍して、そして寄付してくれるかを重視する。

だから、活躍している卒業生がどのようにして成功をおさめたかを分析しているはずだ。だから、いろんな人材の最適ミックスを意識しているのだろう。多様な人材の組み合わせが新しいものを生むことを、大学はよく知っているのだ。

日本の大学に喩えると、東京工業大学（東京科学大学：２０２４年10月１日、東京医科歯科大学と統合し、設立予定）のようなオタク系大学生と、マイルドヤンキー色が強い慶應義塾大学の学生が合体したような人材を、同じ大学で採用するのだ。日本では、この二つの大学が合体したり、交流をもったりすることはないと思うが。

アメリカの大学では、大学という〝クラブ〟に誰を入れるのかについては、そのクラブ、たとえば大学院や学部のマネージャーの特権である。それに対して日本の多くの大学は教授会が力を持ちすぎているために、面接にも教授陣がお出ましになるケースが多い。

ハーバード大学のAO入試はパーティーをやりたい相手を探す

ハーバード大学のアドミッションオフィス入試はかなり自由だ。ただ、入試方法や合否の基準は明らかになっていない。数ある大学の中でもこの大学の入試は謎中の謎である。どうやったら入れるかがまったくわからない。どのような学生を採っているのかについてもベールに包まれていて、正確なところはうかがい知れない。しかし実際に関係した人の話を複数聞き、その情報を貼り合わせていくと、かなりわかってきた。

面白いのは、どういう学生を選ぶかという基準である。

どうやら年によってテーマが違うようなのだが、たとえばこんなお題が出される。

〈あなたが十人を選んでパーティーを催すという役目を任されたとする。それを想定して、面白いパーティーになりそうな人を入学させてほしい〉

お題を出すのは、パーティーの主催者である大学院や学部の教授。大学の場合、四年間続くパーティーを主催しているようなものだから、その学部などによって選ぶ人は違ってくるだろう。よいパーティーができればよい授業ができるというふうにも考えられる。

他の人によい影響を与えられる生徒かどうか

もう一つ興味深いのは、ハーバード大学が一貫して掲げている人物の評価基準。

〈他の人によい影響を与えられる生徒かどうか〉

その人がいることで、前向きに建設的に人生を生きようという気持ちになる。そういう人がたくさんいれば、大学の授業でもサークルでも活動が活発になるだろう。

アメリカは、人が気づきにくいけれども、しっかり社会の根幹を支えたり、よい影響を与えたりする人を見つけて、フォーカスを当てる文化がある。もしかしたらそういう姿勢がアメリカ社会を支えているのかもしれない。

日本では偏差値ばかりが強調される受験業界だが、「他の人によい影響を与えられる人」を積極的に合格させるというアナウンスをすれば社会も変わるのではないか。

他の人によい影響を与えられる学生を採用する大学はすごくいいし、いま自分が受験生だったら入りたいと思う。

いずれにしても、日本の場合、四年間続くパーティーのメンバーを決める自由度は大学当局にない。だからペーパーテストで点数の高い順番に入学させるという基準しかない。ひょっとしたら、そうした硬直化した入試制度が、日本のここ三十年の停滞と関係があるのかもしれない。

ＡＩの時代を生き抜くには、多様な人材が必要になってくるのに、旧態依然としたペーパーテストというフィルターをメインにして人材を集めている。これでは多様な人材を確保しにくいことは明白だ。

もうひとつ付け加えたいのは、「世界大学ランキング」に騙されるなということだ。あのランキングには、イギリス的というか、アングロサクソン的な賢さがよく表れている。よくできたスキームである。実はあの指標は、英米の大学産業を守るためにつくった、非常に狡猾なランキングなのだ。

そんなランキングを見て、日本の大学は上がった下がったと一喜一憂している。その反応の仕方は低レベルすぎてうんざりする。

関係者に聞いたら、日本の大学が世界大学ランキングのデータを出すときに、少しでもランキングを上げるためにコンサルティング会社に相談しているらしい。「オタクの大学のランキングを上げたいのならば、このコースを履修してもらったら上げ方がわかりますよ」とカネ儲けの材料にしている。コンサルティング会社はいい商売をしているのだ。

そこまでしてランキングを上げようとするのは、それによって受験生が増えたりして、利益になるからだ。こういうビジネススキームをみごとにつくるのは、さすがアングロサクソン系の皆さんだ。

受験生の皆さんはそういうカラクリをわかった上で、世界大学ランキングを参考にしてほしい。

インフルエンサーが言う「大学なんて行かなくていい」は本当か

高校生や大学生と話していて、ときどき気になることがある。

こんなふうに言うのだ。

「茂木さん。俺、大学行かなくていいっすよね」

とか、

「俺、大学なんて行っている場合じゃない気がするんですよ」

なぜそんなことを聞くのか。言っている相手にその理由を聞くと、「ホリエモンさんやひろゆきさんが、〝大学なんて行かなくていい〟と言っていた」という。

どういう意味で彼らが大学に行かなくてもいいと言ったのかはよくわからない。ただ、堀江さんはたしか八年間ぐらい大学に行っていた。成田《なりた》悠輔《ゆうすけ》さんの弟、成田《なりた》修造《しゅうぞう》さんもネットニュースで、「大学は情弱（情報弱者）が行くとこだ」などと言っていたらしいのだが、こう問いたい。

「成田さん、あなたは大学に行ってるけど、情弱だったのか」

堀江さん・成田さんのように、実際には大学に行っていた側にいながら、そうしたことを言っている人の発言には注意を払った方がいい。

もちろん、大学に行かなくても、いまやインターネットを活用すればさまざまなことを学べる。それ以外にも学べる機会は世の中にたくさん転がっている。だから大学に行かなくてもいいというのは間違っていない。

アメリカでも、たとえばＧｏｏｇｌｅ本社に勤務しているうちの三割ぐらいが大学を出ていない人だと言われている。意外とアメリカはそこまでガチガチのメリトクラシーではないのだ。

しかし日本はそうではない。すでに述べたとおり、日本ではメリトクラシーが極まっていて、大学卒業という経歴がなければ生きにくいのが現状だ。わかりやすくいえば、平均賃金が高い大企業はもちろん、中小企業の中にも、そこに入るためにはやはり大学を卒業していないとなかなか入れない場合はある。

いやいや、俺は人に使われるのではなく起業するから、と考えている人もいるかもしれないが、そんな甘いものではない。起業に成功している人に話を聞くと、大学を卒業していない人にはなかなかお目に掛からない。いないわけではないが、多くの場合、いつの間にか消えてしまう。

また大学を卒業した人と、高卒者の生涯賃金を調べてみたら、明らかに違う。独立行政法人労働政策研究・研修機構の「ユースフル労働統計２０２２」のデータによるとこうだ。

男性は高卒で二億五百万円、大卒または大学院卒で二億六千百九十万円となっており、高卒と大卒で約五千七百万円の差がある。女性では高卒で一億四千九百六十万円、大卒で二億一千二百四十万円と約六千三百万円の差がでている。

明らかに格差はあるのだ。

この現実を知った上で、大学進学をやめたり、大学に通うのをやめたりするのならば、それはそれで一つの判断だけど、くれぐれも社会の実相を知った上で判断したほうがいい。

大学行かなくてもいいんだよねと聞いてくる高校生に特徴的なことは、「じゃあ大学に行かないで、何をやるの？」と逆質問すると、何も考えていないケースが多い。ゲームとかYouTubeを見て、結局は怠けている。

なぜこういうことになるのかと調べてみたら、「今のままのあなたで大丈夫なんだ」というような甘い言葉を囁くインフルエンサーの仕業であることがわかってきた。特に日本のインフルエンサーは、「いまのままでいいんだよ」的な、社会の安定化装置として働いていることが多い。しかしこの人たちの言うことを鵜呑みにしていると、ほぼ確実に地獄を見る。

インフルエンサーの中には、世代間対立を煽るように、「若い世代がうまくいかないのは、上の世代のせいだ」などと言っている人がいるけれど、これも若者たちに「いまのままの君でいい」と言っているのと同じだし、俺たち若いだけで素晴らしいのだみたいな根拠のない自己肯定になっている。

漫画家のしりあがり寿《ことぶき》さんが昔、面白いことを言っていた。

有名になるプロセスを「ロケット発射」に喩えていたのだが、有名になるということで一段目のロケットが発射して飛んでいく。その人は有名になったことで、みんながその人に注目し、どれぐらいの能力があるのか、実質がある人なのかを探るために集まってきて、そこで確かに実質がある人だとわかった場合には二段目のロケットが発射、さらには三段目のロケットでさらに上に行ける。だけれど、実質がない人なのだと露呈してしまった場合には、「はい、解散」と人がいなくなる。

言い得て妙である。

インフルエンサーなどと言われている人たちも、実質がないと思われたら、すぐにフォロワーは去っていく。だから中身のない人の意見には気をつけてほしい。

海外のインフルエンサーは、日本とはまったくノリが違う。たとえばイーロン・マスクだったら「火星に行こうぜ」とか、スティーブ・ジョブズだったら「今まで見たことないようなコンピュータ作ろうぜ」とか、社会を変える側にいるのがインフルエンサーだ。

少し格が違いすぎるインフルエンサーの例をあげたが、それにしてもマスクやジョブズに近い影響を与える、真のインフルエンサーがでてきてほしい。

次の章からは本書の本題に入りたい。

つまり、自分の人生は自分で決めていくための具体的な方法、的確な意思決定ができるようになるための方法について書いていく。

にわかに信じられない記述もでてくるだろうが、それはすべて突飛な極論ではなく、脳科学、哲学、心理学などいろいろな最新の知見を総合したものであることをあらかじめお断りしておきたい。

第2章
あなたは自分の意志ですべてを決めているか？

自由意志は存在しない

再び、この本の担当編集者・ムラシマの登場である。

彼は早稲田大学を三度受験したが叶わず、中央大学に入学したのだが、さらに壁にぶち当たる。講義についていくのがつらくなったのだ。

ここからはさすが哲学を学ぼうとした学生だ。問題意識の持ち方が面白い。

ムラシマの当時の状態というのは、講義にあまり集中できない、レポートを書き上げることができないというものだった。やらなければいけないことはわかっているが、なぜか頭をその課題に集中させることができない。しかし隣の同期をみれば、それが当たり前のように、すらすらとレポートを書き上げたりしている。ムラシマはこう思ったという。

〈同期たちは、あたかも意志を自在に操ってるようだ〉

しかし、自分はいくら頑張ってもそれができない。

自由に意志を決める力が自分にはないのではないか……。

哲学を学ぶムラシマは本を読み、調べ始めた。そこで行き着いたのは、「人間には、自由にものごとを決定する意志、つまり自由意志はないのではないか」ということだった。

「自由意志」の問題は、脳科学の分野だけでなく、哲学、心理学領域の研究者も熱く議論している。ムラシマは関連の本を読みあさったが、自分が納得できる答えはなかった。だから、僕を使ってこの本をつくろうとしたというわけだ。

結局、ムラシマ個人の興味かよと思う人がいるかもしれないが、そうではない。プロローグでも書いたように、自由意志は現代を生きる人が知っておくべき重大なテーマなのだ。

昼に何を食べるかを自分で判断しているか

自由意志——。

読者のほとんどはあまり目にしない言葉かもしれない。僕の著書を何冊か読んだ人ならば、何度か目にしたことがあるだろう。

たとえば、きょうのお昼に何を食べるかは自分の頭で考えて、判断していると思っているだろう。

ところが、そのごく当たり前の意思決定がどのように行われているか、実は脳科学や哲学の領域では、長らく議論されてきた。現時点では、「自由意志はない」という考え方が大勢になっている。なんらかの科学的な分野を研究している百人に「自由意志はあるかないか」を質問したら、おそらく九十九人は、「ない」と答えるだろう。つまり、僕たちが当たり前に感じている自由意志による決定の前提が、否定されているのである。

ではどのようにわたしたちは意志を決めているか。

基本的に脳の中にある化学物質や電気信号といった物理化学的なプロセスで決まっている。脳に限らず、人間の体は化学物質の作用や電気信号のやり取りによって機能が保たれている。ただ、実感として脳には、心や意識が関わっているのではないかと思ってしまう。その気持ちは僕もわかる。でも、科学的に検証すると、決断したりするときに心や意識が介在することはないことがわかっているのだ。

こういう風に書いてしまうと、自分が何かをしたいとき、脳の物理的な活動の作用で、あたかもサイコロを振ったように決まって、自分はそれに沿って動いているだけというイメージで捉えられるかもしれない。あたかも脳の操り人形のようだ。

「脳が食いたいものを決めているだけだから、俺はそれに従うだけだよ」などと。

しかしそうではないのだ。もちろん読者の実感として、そんなイメージはないはずだ。僕も同じだ。

僕はソバが好きなので、立ち食いソバ屋によく立ち寄る。そのとき断じて誰かの命令を受けたり、指図を受けたりしてソバを注文しているとは思っていない。

では、実際にどう判断がなされているのか。

無意識の中で、ソバを食べたいという欲求がでてくる。そのままソバ屋に直行というケースもあるが、きのうもソバだったから、きょうはカレーにしようかと、ソバを拒否することもある。これは後で詳しく述べるが、「否定」するプロセスが絡むことがある。

食べ物ではなく、たとえば進路の選択などもう少し重い判断のときには、自分が目指す方向性が決断に影響しているのだ。言い換えれば、自分の意識が思い描く「方向性」「ビジョン」に沿った選択がなされるというわけだ。方向性・ビジョンのことを専門的には「拘束条件」というのだが、それに基づいて選択し、それに向かった行動をすることになる。そう書くと少しは実感と近いだろうか。

僕が大学に進学するとき、アメリカの大学に行くという選択肢があった。グルー・バンクロフト基金という奨学金を受けようとしたら、いまでも鮮明に覚えているが、担任の教師が、推薦状を書いてくれなかったのだ。「日本の大学に行ってから留学しろ」と。

今にして思えば、食い下がる選択肢もあったのではないかと思うが、あのときは担任の言葉に従った。それはおそらくだが、心の中で「先生がいうように、日本の大学に行ってからでもいいかな」と考えていたかもしれない。

この意思決定は無意識なものだと思う。当時はまだ海外に行きたいという「強いビジョン」がなかったのだ。

自分自身の意思決定を振り返ると、こういう重大なときこそ、無意識に従ったような気がする。

〝やる気スイッチ〟なんてない！

もう一つ、自由意志との関係で指摘しておかなければならないのが、「やる気になれば何だってできる」という考え方。あたかも、〝やる気スイッチ〟があるかのように、そう言ってカツを入れる学校や塾の先生、あるいは親がいるけれども、自由意志の観点からいえば、「やる気スイッチなんてない」といえる。

また、職人の親方などが「心を入れ替えて出直せ」とカツを入れるシーンをテレビドラマや映画で見ることがあるが、それも無理である。前記したとおり、脳の中の物理的化学的なプロセスが基本なので、心は入れ替えられないのだ。あとで詳しく述べていくが、物理的科学的なプロセスを通して、目標にしたがって、長い時間経過の中で脳の状態を変えていくことはできるが、一晩のうちにかわっていくことはない。

意識の常識を覆す衝撃の研究

一九八〇年代、自由意志モデルに関する実験をした研究者がいる。アメリカのベンジャミン・リベットという神経生理学者だ。

実験では、被験者に脳の電気信号を測定する装置を取り付け、手首を動かしてもらい、脳の電気信号を測定したのだ。

人間の実感からすると、手首を動かそうと意識してから、脳から「筋肉を動かせ」という電気信号がでて、手首が動くと思いがちだ。しかしいざ実験をすると、手首を動かそうと意識する数秒ぐらい前から準備電位が確認されている。手首を動かす行動を準備するのは無意識下の出来事なのだ。つまり、意識するよりも前に、脳が手首を動かせという電気信号を出していたのである。

大きな発見は、意識の流れだ。手首を動かすという意識が先にあったわけではなく、行動を起こしたあとに、いわば「後付け」で、僕はこういうことをやっていたのだと認識していることだ。

この「後付け」はきわめて重要だ。

脳は「後付け」で選択理由を作っている

もう少し具体的に意志の流れをみていこう。たとえば採用面接を受けるときを想定してみよう。

もし、サイコロを振るように、この会社を受けたということになった場合、「志望動機は？」と聞かれたときに答えられない。「こういう仕事がしたいと考えています」と答えるのも難しい。これでは内定を勝ち取ることは無理だろう。

実際には、たとえば会社の評判がいいとか、収入が高そうだとか、会社のイメージがいいといった情報を得た上で、この会社を受けようという選択が行われているはずだ。そうした情報の中から面接官に説明するときに、頭の中で整理して物語として提示することになるだろう。

僕自身、なぜ脳科学を研究するようになったかということについて人に説明するときに、いくつかのストーリーがある。

一つは、博士課程の最終学年の二月まで就職先が見つからなくて、理化学研究所に新しく脳科学の研究組織「脳科学総合研究センター」が設立されると聞いて、面接に行ったら、「すぐ来ていいよ」と言われたので入ったというストーリー。自分の中では「たまたまなんです」バージョンだけれど、初代所長が伊藤正男《いとうまさお》さんという尊敬できる研究者だったことが大きい。

もう一つのストーリーは、オックスフォード大学名誉教授ロジャー・ペンローズが“The Emperor's New Mind”という、人工知能について書いた本を大学院生のときに読んで、人間が考えることについてすごく興味を持ったので、脳科学に進んだ、というバージョンもある。

どちらもウソではないのだが、話す人や場所によって変えたりする。直感で決めているので、もしかすると、この先話すことが微妙に変わっていくのかもしれない。

もう一つの面白い実験「チョイス・ブラインドネス」を紹介しよう。

これはハーバード大学で行われた実験で、被験者に異性の人の写真を二枚みせる。男性には女性の写真を二枚、女性には男性の写真を二枚、みせるのだ。で、「どっちが好きですか？」と問う。好きな方の写真を選んでもらう。

次に、一旦写真を伏せて、被験者が好きだと答えた方の写真を被験者にあげる。そのとき実はトリックを使っていて、相手が選んでいない方のカードを渡すのだ。たとえばBさんが好きだと言ったのに、Aさんの写真をあげる。

それを見てもらったあとに、「なぜ、この人が好きなんですか」という質問をする。すると、写真を差し替えたことに気づく人もいるのだが、気づかない人もいる。面白いのは、トリックに気づかない人でもその理由を言うところだ。しかも滔滔と。「髪の毛が好みで」とか「表情がいい」とか……。

欧米の人は東洋人の顔の見分けがつきにくかったり、その逆もあるので、そうしたことにおける誤差については、この実験で考慮され、計算されているはずだ。

この実験が示すのは、何か選択するときには理由があると思いがちだが、そうではなく、選んでしまって、その理由を脳が後付けするケースが少なくないということを顕わにしたのだ。もしかしたら「後付けで何か物語を作っている」という言い方ができるかもしれない。

自由意志はないけれど、自由に拒否する意志はある

リベットの実験でもう一つ重要なことがわかっている。

それは拒否する瞬間があることだ。

最後に拒否権を発動することがあるのだ。先ほど紹介した手首を動かす実験で、脳が手首を動かそうと準備をして、動かす選択をし、あとは手首を動かす行動を起こすだけという直前の、わずか一秒ぐらいの間に、「いや、それはちょっとまずいから」とか、「やっぱりそれは今タイミングが良くないから」というように、拒否するプロセスがあるのだ。

さきほど何を食べるかを決めるとき、きのうも食べたからという理由でソバを食べなかったことを書いたが、こうした理由で拒否の意思表示をするわけだ。

哲学では、自由意志は「free will」という言い方がされるが、「最後に拒否権

を出すことが自由意志なのだ」という捉え方があって、自由意志の本質は「ｆｒｅｅｗｏｎ’ｔ」（自由な拒否）だと言われる所以だ。

自由意志はないけれど、自由に拒否する意志はある。これがリベットの実験の非常に大きなポイントであり、なおかつ自由意志に関わる重要な部分でもある。

つまり、人は拒否することで自分の運命をコントロールしているのである。

たとえば、休みの日に友だちから「海に行こう」と誘われたとする。「正直、海いいな」と直感したが、よく考えると、数日後には会社でプレゼンが控えている。発表する内容をしっかりと吟味しておかないと、今後の仕事がやりにくくなると考えたり、天気予報を見ると午後から雨の予報だし、危険だと判断するかもしれない。

そこで「きょうは海に行かず、仕事に取り組んだ方がいい」ということになり、断る。意識下で、仕事のことや空模様のことを予測することを、「メタ認知」という。

拒否する意志が犯罪を成立させる

この拒否権があることで、犯罪が成立するとも言える。もし殺人を犯した人が、「無意識のうちに殺しました」とか「私は脳の命令で殺しました」と言い出すと、責任を問いにくい。心神耗弱、あるいは心神喪失した人には、刑法第三十九条により、犯罪行為をしても処罰されないことになっているからだ。アルベール・カミュの『異邦人』みたいに、「太陽のせいだ」といった理由なき殺人の場合には、死刑になったけれど。

ともかく、たとえば刑事責任というのは、犯行の動機を前提としている。殺人に及ぶ前にメタ認知する。メタ認知は前頭葉で行われる。

たとえば、頭の中でシミュレーションして、これはいけないことだと認識したけれど、相手に対する憎しみが思いのほか強く殺してしまった……などといった犯行動機が、刑事責任を問う根本原理になっている。

したがって、リベットの実験で証明された「拒否権」というのは、犯罪の裁判を行う上できわめて重要なポイントであると言える。

また、「拒否権」の存在を確認できたことで、社会の不安を軽くできたと思う。もし人は無意識に人を殺してしまうような得体の知れない存在だ、ということになると、怖くて人と触れあえなくなるからだ。

一方、「借金の取り立てが厳しく、強盗して、人も殺してしまった」「差別的なことを言われ、カッとなって、思わず殺した」といった犯行動機があれば、そうした原因を社会から取り除くという、抑止の手立ても考えることができる。

このように、自由意志というのは、ふだんわれわれが感じている感覚とは違うので、にわかに信じがたいと思う。しかし人間はときに不可解な行動をとることをみごとに描いた人がいた。

映画監督の小津安二郎《おづやすじろう》である。

彼の作品には、人間の不可解さを描いたものがある。

代表作の『東京物語』（一九五三年）で、「母危篤」という知らせを受けたあとに、長男が何の脈絡もなく庭に向かっていって、犬に向かって腰をかがめて口笛を吹くシーンがある。

「母危篤」という、ショックで悲しい気持ちになったシーンでよくみかけるのは、わなわなと体が震えたり、涙が流れたりといった芝居だろう。母親と口笛の間に何か結びつける何かがあるわけでもないのだが、いきなり口笛を吹く。

もう一つ、これも小津作品だが、戦前の白黒映画『一人息子』(一九三六年)。母子家庭の母と一人息子がいる。その息子は長じて、東京の代用教員になる、ある日、息子が住む隣家のやんちゃ坊主が馬に蹴られてケガをする。ケガをしても、そのやんちゃ坊主の家は貧しいので治療代が払えるかわからない。やんちゃ坊主のお母さんはそんな不安を持っていたはずだが、なぜかその現場に居合わせた妹は、お母さんのスカートを引っ張って、「ねえ、帰りに何か買ってよ」みたいなセリフを口にするのだ。妹ならば兄のケガを心配するというありきたりな芝居にならされている人にとっては、意外だし不思議に思うシーンかもしれない。

いずれも、小津らしい人の感情の描き方で、見ている方もなぜそういう行動をとったのかを、にわかに理解できない。小津の中には、人間とは、時に理解に苦しむ、よくわからない行動をとるものなのだという人間観察、人間理解があるのだろう。そのあたりが小津映画のリアリティにもなっているような気がする。

小津作品のこの二つのシーンは、自由意志の観点から言えば、無意識の中で選択された行動である。

一方で、テレビドラマなどで描かれる心理描写は、予定調和であったり、型にはまったものであったりして、きわめて平板《へいばん》で、単純に捉えられる傾向が強い。しかしそれでは、実際の人間の自由な生き方とはハズれてしまうし、薄っぺらだし、科学的な意味でも本質とはズレた描き方になる。

型にはまった描き方をすれば、見た人たちもすぐに納得できるし、違和感も生まれないのだが、映画監督などの表現者は、誰も描いたことがなかった独自の描き方をしないと、生き方として不自由になってしまうと思う。映画や文学、アートなどは本来自由なのだから。

僕自身は、普通の平均的日本人よりは自由に生きているつもりだ。それができる理由は、自分の中に自由意志のモデルがあるからだと思う。前記したとおり、僕が脳科学の関連学会でも、いわゆるメインストリームのグループにはいないのもそのためだ。

自由意志を知ると、他人にイライラすることが減る

もう一つ、自由意志を知ったことで、人間関係にイライラする場面が格段に減った。もちろんいまも一日十回ぐらいは、イラッとすることがあるにはある。しかしその感情は長続きしなくなったのだ。

イライラするのは、この人はどうしてこういう自分勝手な行動をとるのだろうかとか、行動の意図を深読みして、自分に意地悪をしているのではないかと疑心暗鬼になるからだ。そうすると考えは悪い方へ悪い方へと流れていってしまう。

でも、自由意志を知ると、そんな深読みは一切しなくなる。行動に深い意味などないのだと思うからだ。ちょうど空模様と同じように捉えるのだ。お天気を自分で変えることはできないから、怒ったりイライラしても仕方ない。お天気が変わるように、時間がたてば雨もあがる。自然現象だと思えば腹が立たないし、機嫌が悪いときに近づかなければよい。雨雲が去るのを待てばいいのだ。

自由意志が天国か地獄かを決める

実はヨーロッパでは、自由意志のことを、子どもの頃から教える。

それはキリスト教とも関連している。キリスト教の伝統では、まず、自由意志論がすぐに真ん中に出てくる。ダンテの『神曲』は聖書と並んでヨーロッパの人たちに大きな影響を与えた書物だが、自由意志についての議論が出てくる。

なぜかと言えば、まず、宇宙を創造し、その中のものごとの進行すべてを司っているのが神だとしたら、人間が「自由意志」を持つという「仮説」は両立しにくい。なぜなら、神は遍在、つまりどこにでもいて、しかも万能であるはずだから、宇宙のあらゆる事象についての進行に責任をもち、意のままにできるからである。

さらに彼らにとって疑問なのは、神が万物を創造しているのに、どうして悪人が出てくるのか、悪をあえて為す自由がなぜ与えられているのかということである。なぜ「神は、悪はよくない」と教えているのに、なぜ悪事を働くのかがわからない。最初から悪いことができないようにすればいいのではないか、という話になるのだ。

キリスト教においては、よき生き方をできる可能性がもちろんあるけれど、悪い生き方ができる自由も人間には与えられている。おそらくそれによって、ある意味人間が試されているのだと思う。

だから最後の審判で、それぞれの生き方によって天国に行くか地獄にいくかが決まる。この世はそういう構造になっていると。だから彼らは自由意志をものすごく大きな問題として考えている。

学問でも自由意志は大きな問題として位置づけられている。欧米の意識研究の〝一丁目一番地〟、つまり最重要課題は自由意志だ。自由意志があるのかないのか、あるとしたらどういう意味であるのか、ということがまず最初に出てくる。意識の研究ということになると、そういう大きな文化の違いがあるのだ。

「パスカルの賭け」という有名な思考実験がある。パスカルは、神様が実際にいるかどうかわからないし、天国や地獄があるかどうかもわからないけれど、万が一、小さい確率でも天国・地獄があったとすると、人生の中で悪いことをやっていた場合、永遠の地獄に行くことも考えられるから、やっぱりよく生きておいた方がいいんじゃないか、と考える。

キリスト教の世界観では、そういうことを考える土壌がある。

一方、浄土真宗には、（善人はもちろんだが）悪い人のように苦しんでいる人こそ救われるという「悪人正機説」があるように、日本では意外とゆるく、ふわっと全体をまとめてしまう考え方がある。

自由意志について、解剖学者の養老孟司《ようろうたけし》さんと話していたら、「茂木君、全て世の中のことはなるようになるんだよ」と。『古事記』以来、なるようになってきたという。確かにそうかもしれないが、個人レベルで考えると、なるようにならない人もいるのではないか。

ではどうしたらいいのだろう。そのヒントは次に書こう。

脳は簡単に間違った判断をする

実は自由意志は、鍛えることができる。

鍛える方法についてはあとで詳しくみていくが、なぜ鍛えなければいけないのかをまず説明しておこう。

脳というのは、間違えやすいのだ。

人は、正しい判断をしているつもりでも、他の人から見ると、〝何を考えているの？〟と呆れるぐらい考え違いをすることがある。それぐらい僕たちの脳というのは間違った判断をしやすいのだ。

「モンティ・ホール問題」をご存じだろうか。

以前、アメリカで放映されていたテレビのゲーム番組があった。『レッツ・メイク・ア・ディール』というもので、司会者はモンティ・ホールさん。のちに彼の名前が冠されるようになった問題は、二〇世紀最大の数学者さえ間違えてしまうなど、大変な騒ぎになった。

問題の中身をみてみよう。

回答者の前に三つのドアがある。

一つのドアのうしろにだけピカピカの新車が隠されていて、残り二枚のうしろにはヤギが隠されている。参加者はどれか一つのドアをあけて、当たったらピカピカのクルマがプレゼントされるという趣向だ。

まず、回答者が一枚のドアを選ぶ。仮にドアAとしよう。しかしまだ開けない。開ける前に、司会者のモンティさんが場を盛り上げるため、残り二つのドアの片方を開けるのだ。開けると、ヤギがいる。ハズレのドアだったのだ。なかなか見事な司会っぷりだ。

そこで、モンティさんは回答者にこう質問するのだ。

「さあ、あなたが先ほど選んだドアを変えてもいいですよ。どうしますか? 変えますか、変えませんか?」

変えない方が得か、変えた方が得か。

あなたならどうするだろうか?

"二〇世紀最大の数学者"も脳の罠にハマッた

こういう場合、人は二つのことを考える。

一つは、変えて失敗したら嫌だなという考え。だから変えない。

もう一つは確率だ。二枚の扉のうちどちらかを選ぶのだから二分の一だという推理だ。

そう考える人は少なくない。

しかし、実はこの理解が間違いなのだ。

その誤りをいち早く指摘したのは、コラムニスト、マリリン・ヴォス・サヴァントという女性の書いた記事だった。彼女は、ＩＱのギネス記録をもつ、すごく頭のいい人なのだ。

マリリンの答えは次のような趣旨だった。

ドアＢのうしろにクルマのある確率は三分の二、回答者が最初に選んだドアＡのうしろにある確率は三分の一だから、選択を変えたほうがクルマが当たる確率は二倍になる――。

それに対し、数学などの専門家たちが反論した。

その中に、〝二〇世紀最大の数学者〟と言われたアレクサンダー・グロタンディークもいた。

誤解の原因はもしかしたら、司会者のモンティさんがあらかじめハズレのドアを知っていて、いつもそれを開けていることがわかっていなかったからかもしれない。

いずれにしても、その前提で考えると、最初にドアAを選んだ時点では当たる確率は三分の一である。しかしモンティさんが、ハズレのドアを開けてしまっている。状況は変わったのだ。

イメージしてほしいのだが、もしハズレドアを開けた時点で回答者が当たりのドアを選択していたとして、モンティさんに言われて考え直し、ドアBに変更していたとしたら、「ハズレ」になる。

しかしもう一度ドアもクルマもヤギもシャッフルして、最初からやり直して、回答者がドアBを選んで、それがハズレだった場合、変更すれば「当たり」である。

要するに最初にハズレのドアを選んだ場合、変更すれば当たりになり、逆に当たりのドアを選んでいれば、ハズレになる。

ハズレのドアは二枚あるわけだから、ハズレドアをあける確率は三分の二ということになり、変更して当たりになる確率も三分の二になる。つまり、変更しないと、三分の一の確率しかないのだから、マリリンさんが指摘したとおり、変更したほうが二倍の当籤《せん》率となる。

一度出した答えを変えたくない人間心理

これでも納得しない人によく出される補助的問題がある。

百枚のカードが用意され、すべて裏向きに置かれている。「当たり」カードは一枚だけしかない。

まず回答者が一枚のカードを任意に選んでもらう。

次に、出題者が九十八枚のハズレカードを裏返す。

残りは一枚。

モンティさんが言うように、「カードを変えてもいいですよ」と言われる。

さあ、あなたならば変えるか?

選択肢が三つと百では違うだろうと思うかもしれないが、原理は同じだ。

最初に百枚のカードの中から一枚の当たりカードを引く確率は百分の一。これは納得できるだろう。かなり低い確率だ。

しかし、九十八枚のハズレを選んで、一枚だけ残してくれたカードと、自分が百分の一の確率で選んだカードは、同じ当たり確率を持っているとは思えない。「ハズレ」であることがバレずに残った運のいいカードなのである。

つまり変更しなければ、元の百分の一の当たり確率、変更すれば、百分の九九の確率ということになる。

百枚のカードから一枚の当たりカードを引く問題からみえてきた捉え方を参考にすると、三枚のドアで出題されたモンティ・ホール問題でも、ハズレであることがバレずに残ったドアには三分の二の当たり確率が宿っているということになる。

ご納得いただけただろうか。

納得いかない人は、地道に絵を描いてやっていくとわかるだろう。

ところで、マリリンさんの説明にも納得しなかったため、しばらく論争が続いたが、モンテカルロ法によるシミュレーションをコンピュータで行うと、マリリンさんの回答が正しいことが実証されたのだ。

とはいえ、人間にとっては直感に反するのだ。モンティさんが開けたドアの向こうにヤギがいたからといって、改めて選び直して、こっちを選んだ方が有利だとは、直感的に思えない。神経活動の働きと、理論的に予想されることとがズレるのだ。

もう一つ、モンティホール問題があぶり出すのは、人がいかに一度選んだことを変えられないかということだ。状況が変わったから選択肢も変えるということができにくいのが人間なのだ。あとでそのことについて詳しく述べるが、人間はバスケットボールでピボットして、適切なパスをする相手を探すように、置かれた状況、周囲の様子を観察しながら最適な意思決定をしたい、と思うものなのだ。

人間はいかに非合理な判断をしているか

脳が間違えやすい有名な問題をもう一つ紹介しよう。

たとえば、バイデン大統領がシングルマザーに助成する場合を想定する。どんな方法をとる確率が高いかという問題だ。
1、シングルマザーへの助成をし、州政府への助成を減らす確率
2、シングルマザーへの助成をする確率

どちらの確率が高いと思うだろうか？

正解は「2」。

もしかしたら、「1」を選んだ人が多かったかもしれない。「1」を選ぶ人は比較的多いのだ。

なぜ「2」が正解なのか。

設問の「シングルマザーへの助成をする」という現象を「A」とする。また、「州政府への助成を減らす」の現象を「B」とする。

確率論で考えると、AとBが同時に起こる確率と、Aが単独で起きる確率、どちらが高いだろうか。

どう考えても、答えはA単独である。

なぜ間違えやすいか。

ノーベル経済学賞をとったダニエル・カーネマンは、「助成金を出すには財源を考えてしまう。それにひっかかって、つい『1』を選んでしまう」と指摘する。

ミクロの視点では合理的だと思われることが、マクロの視点から見ると良くない結果を生む――これを「合成の誤謬《ごびゅう》」という。人間がいかに非合理的に考えたり、選択したりしているかという有名な例だ。

この二つの事例でも明らかになったとおり、脳は間違えやすい。人は一日に三万五千回の決断をしていると言われるが、社会的立場によっては、かなり重い決断を迫られることも多い。

そうした場合、生成ＡＩの助けを求めれば、かなり精度の高い判断ができる環境が整うだろうが、最終的には人間が判断しなければならない。ＡＩは選択肢は提示してくれるが、最終判断はやはり人間が下すことになる。

選択肢が多くなると、決断できなくなる

それほど重要な意思決定でないものまで含めると、以前よりも選択・決断する回数は増えていると思う。

〝チョイス・オーバーロード〟という言葉がある。

かつてアルビン・トフラーが、『第三の波』でこう予言している。

「あまりにも選択肢が多くなると、我々は〝選択の喜び〟を感じなくなる」

「選択肢が増えすぎると買わなくなる」

マーケットなどで選択肢が三つや五つであれば選ぶことはそう難しいことではないし楽しいが、候補が三百や五百などになると、「もういいや」と買わなくなってしまう、と予言したのだ。

Ｎｅｔｆｌｉｘといったサブスクリプションサービスを思い浮かべるとわかるだろう。実におびただしい数のタイトルの動画が提示されるが、そのままでは選ぶのが難しい。トフラーが言ったとおり、選択の喜びを感じられなくなってしまうのだ。そこで各ユーザーの視聴履歴によって、相性がよさそうな動画をレコメンドする。

Ｎｅｔｆｌｉｘの共同創業者のリード・ヘイスティングスがＴＥＤで話していた内容が面白かった。

いろんな試行錯誤の結果、年齢と性別は一切考慮する必要がないことがわかった。年齢・性別よりは、その人の個性や、過去の履歴からより予測できるようだと。

意思決定や選択の科学は研究分野としてホットになってくると思うが、チョイス・

オーバーロード以外にも「ディシジョン・ファティーグ」という面白い概念がある。〝選択疲れ〟とでも訳せるだろうか。

Appleのスティーブ・ジョブズが、なぜタートルネックのセーターばかり身につけたのか――。

答えは、日々、多くの決断をしなければならないエグゼクティブは、ビジネス上の決定、決断で脳を酷使するので、服を何にするかとか、昼ご飯を何にするかとかということについては、あまり脳のリソースを使わないようにしたいからだ。

つまり脳の選択疲れを避けて、一つひとつの選択の質を高めるという方法は可能だと思うのだ。

脳の特性に触れながら書いてきたが、さて、どうしたら意思決定の精度を上げられるのだろうかについて話を進めていきたい。

自由意志は脳が生み出した最大のマジック

さきほどリベットの実験のところで、自分が手首を動かしたことを、動かしてから「後付け」で認識することを書いた。

実はこれ、自由意志を語る上で、きわめて本質的なことなので、説明しておきたい。

人は、朝起きてから夜寝るまで、すべて自分の行動は自分の頭で考えたものである、と思っている。自由意志がないにもかかわらずだ。それはなぜかを、アメリカの哲学者のダニエル・デネットがうまい比喩を使って説明している。

「自由意志は、我々が呼吸する空気みたいなものだ」

実にうまい表現だ。ほんとうに、それぐらい当たり前のものとして受け止められているからだ。自由意志など本来はないのに、ほとんどの人はあるものと捉えている。詐欺師もびっくりの巧妙な仕掛け。それが「後付け」による認識である。

ハーバード大学で自由意志を研究していたダニエル・ウェグナーが非常に面白い論文

を書いている。

「自由意志は、脳が生み出した最大のマジックだ」

これも素晴らしい表現で、言い換えれば、自分で自由に何事も決めていると思っているのは、〝幻想〟(イルージョン)である。後付けのされ方や拒否権の与えられ方が絶妙なので、自分で自分のことを決めていると思わされているといえる。

幻想といえば、われわれが使っているコインや紙幣といったお金も幻想である。みんなでこれをお金ということにしておこうねと幻想を共有しているだけで、実態はなにもない。

僕はいろんな活動をしている。脳科学者であり、ソニーコンピュータサイエンス研究所のシニアリサーチャーであるだけでなく、大学で研究、講義、大学院生の指導をしたり、講演をしたり、テレビやラジオの番組にでたり、本や雑誌に原稿を書いたり、底辺YouTuberではあるけれども、わりと頻繁に更新したり、Xでもいろんなことを書いたりしている。そうそう、それ以外にも3年前から屋久島おおぞら高等学校という通信制高校の校長もしている。卒業の季節が来たら、礼服を着て、卒業証書を渡し訓示を述べたりしているのだ。

一見脈絡がないように見えるけれど、これらの活動をしながら大事にしているのは、「人を自由にすること」と「個性を大切にすること」だ。

ただ、依頼された仕事を引き受けるかどうかを決めるときに、この二つの行動原理に合致しているかをチェックしているわけではない。ふと自分がこれまで関わってきた仕事を振り返って、共通項として現れてくるのがこの二つなのだ。イメージとしては、自分が携わった仕事の上に乗っている砂を払っていくと、「人の自由を大切にする」と「個性を大切にする」という文字が現れてくるという感じだ。前に述べた「拘束条件」と重なる部分がある。

とはいえ、これも後付けなのである。それが幻想になり、それが自分の意思決定の軸、もっと言えば自分を支える軸になっていく。これがその人のアイデンティティになっていくのだ。

幻想と聞くとがっかりしたかもしれない。が、されど幻想なのである。

よい幻想を持ち、その幻想をうまく活用すれば自分を育てていける。脳をいい状態に保てるし、よい未来を選び取れるようになるのである。脳によい幻想をみせてあげることで、脳は的確な意思決定をできるようになる。こうであらねばならないとか、そういう束縛から逃れることで、人生の自由度も高まる。自分だけの幻想を自分の脳にみせて、自分なりの脳をつくっていく。そうすれば、いまより楽しい人生になるはずだ。

理屈が腑に落ちない人は、ともかくそうした脳の特性をうまく利用すればいいのだ。要は、脳をよい状態に育てることだと言い換えてもいい。畑の野菜に肥料をやり、草を摘んで大事に育てるように。そうすれば、自由意志をマネジメントすることができるのである。

これから「自由意志」という言葉が何度もでてくるが、「幻想としての自由意志」であることを前提に使っているので、それを踏まえて読み進めてほしい。

第3章

正確な意思決定をするには何が必要か?

小さな選択の積み重ねがあることで、大きな決断ができる

では、どうすれば、よい幻想をもてて、脳が育ち、自由意志をうまくマネジメントできるのだろうか。

若い人たちと話すと、よく「ホリエモンのようになりたい」といった声を耳にする。気になるのは、堀江さんがいまのように有名になるまでに何をしていたかを知っているかだ。

堀江さんは久留米大学付設高校二年のとき、成績が学年でビリから数えた方が早いほどの低空飛行だったらしい。なぜかというと、コンピュータにどっぷりハマってしまったから。BASICというコンピュータ言語をマスターして、難しいプログラムを組めるまでになり、学校の勉強そっちのけになったようだ。

そこから一念発起して、東京大学の文科三類に入学。しかしいざ大学生になると、勉強よりもビジネスに興味が湧いたようで、オン・ザ・エッヂという会社を設立して、東

大を中途退学してしまう。

経営をしながら、彼らしさもだしていく。ムダな会議をなくしたり、メールを徹底的に活用して会社経営に役立てたり。次の段階で設立するライブドア躍進の基盤を築いていく。

大学を中退して起業するなんて、ずいぶん大胆なことをやっているなという印象を受けるかもしれないが、本人にしてみれば、今日のお昼はスパゲッティにしようかラーメンにしようかぐらいのささやかな判断を積み重ねているだけなのだろう。その間に多くの人との出会いがあって、成功だけでなく、失敗もそれなりに経験して、それら一つひとつが大切な蓄積となって、意思決定するためのパラメータが増えていったのだ。

堀江さんと同じ高校の先輩・孫正義《そんまさよし》さんも、ソフトバンクグループを牽引する経営者だが、彼もいろいろな修羅場をくぐっている。

孫さんが高校一年生のときに、幕末の志士・坂本龍馬《さかもとりょうま》を描いた『竜馬がゆく』(司馬遼太郎・文藝春秋)を読んで感動し、龍馬が脱藩ならば俺は渡米しようということで短期留学した。その経験が大きかったのか、高校を中退したあとに、再び渡米して、カリフォルニア大学バークレー校経済学部に編入学し、在学中に、シャープに自動翻訳機を売り込んだ。それによって転がり込んだ約一億円を元手に、アメリカでソフトウェア開発会社を設立、インベーダーゲーム機を日本から輸入し、米国で販売したりもしている。

こうして孫さんのごく初期のいきさつを書くと、最初のきっかけは『竜馬がゆく』を読んだことにされそうだけれど、厳密にはそうではない。彼が幼い頃に味わった貧しい体験なども少なからず影響していると思う。

イーロン・マスクも幼少期に厳しい経験をしている。

父親は嫉妬深く、家庭内暴力に苦しんだという。イーロン少年は父親の言葉の暴力に苦しんだ。両親が離婚したので、きょうだい三人は母親に引き取られた。母親はモデルで生計を立てるが生活は貧しく、狭いアパート暮らしで、ピーナツバターのサンドイッチと豆のスープが定番だったという。学校では暴力をともなういじめを受け、かなり苦しい少年時代を過ごした。

ただ、十二歳のときに「ブラスター」というゲームを開発するなど、堀江さんと似ているが、プログラミングに熱中していた。コンピュータが好きだったイーロン少年は、生まれ育った南アフリカを出てコンピュータサイエンスを学びたいと思うようになり、母親の生まれ故郷・カナダの親族を頼って移住する。

その後、起業するが最初から順調だったわけではない。ロシアにロケットを買いに行ったときも、中古のロケットを買ったという話がある。スペースXなどすごいマスクしか見ていないと、それ以前の惨めで、情けなかった頃の彼は想像できない。

幼少期のつらい経験というのは、マスクの人生にかなり大きな影響を与えただろう。いじめがいいわけではまったくないし、その人の受け止め方や環境にもよるが、普通ではない人生を歩むことは、のちにその人にとってプラスになることもある。

だから、ルック・アラウンド・ユー。自分のまわり、自分が辿ってきたこれまでを見つめなおす、「人生の掘り起こし」という作業は大事になる。

余談だけれど、僕の親友の東京大学教授・池上高志《いけがみたかし》君は、小学校五年生のとき、あまりにも振る舞いがひどすぎて、教室で、後ろ向きに、つまり同級生の方に机を向けて座らされていたという逸話が残っている。いまでも彼は、変わり者の東大教授だが、そうした少年期の体験は今に繋がる何かがあるのかもしれない。

自由意志を考えるとき、こうした個人的な歴史はとても大事で、いきなり大きな跳躍はできないのだ。自由意志を鍛えるには、自分の中に知識や体験を蓄積していったり、スキルを身につけたりといった時間がどうしても不可欠になる。そういう時間を経て、徐々に脳が意思決定をするパラメータが少しずつ整えられていくのである。

繰り返しになるが、「自然は省略しない」のである。

木が一年一年少しずつ幹を太くして、年輪を刻むように、脳の中の意思決定のパラメータも、少しずつ整えられていく。

自然も、人間の脳も、工程を飛ばしたりせず連続的に変化するのである。

全ては小さな選択や決断の積み重ねで、それが積み重なったときに、より大きな選択や重大な決断ができていく。そういうものだと思う。将来、起業したい人にはできるだけ早い段階で失敗の経験を積むことを勧めている。失敗も貴重な経験だからだ。

すべての人の日常は平等

もう一つ事例を追加しておくと、「ＯｐｅｎＡＩ」の共同創設者で、ＣｈａｔＧＰＴ開発の中心人物の一人であるイリヤ・サツキバー。すごい天才がいきなり無から有を、それも世界を揺り動かすテクノロジーを生み出してしまったように勘違いしがちだけれども、実際は、サツキバーが十五歳のときにロシアからカナダに留学したときに物語は始まっている。

トロント大学での出会いが彼の将来を決めたのではないだろうか。〝人工知能のゴッドファーザー〟と呼ばれるジェフリー・ヒントン教授の研究室に出入りするようになるのだ。ヒントンはディープラーニングをずっと研究していて、それが面白いと思い、サツキバーと研究をともにした。

さらに幸運が働いた。

コンピュータの処理性能が格段に上がってきたり、ビデオゲームなどにも使われるGPUのチップが大量に手に入るようになったり。さらに、インターネット上にあるたくさんの書き込みをデータとして使えるようになったり、そして二〇一七年にはGoogleがトランスフォーマーというアーキテクチャーを発明したり。

そうした意図せぬ環境変化もヒントンやサツキバーらに味方した。もちろん彼らは尋常ではないぐらいに努力をしたし、才能もあったと思うが、一つひとつの決断をひたすら積み上げていった。

サッキバーらが特別な日常をおくったわけではない。

彼らも僕らが過ごす同じ時間を使った。でも彼らは、さまざまな経験をする中で、自分がどういう場所にいて、どういう人と繋がり、何をするかなどを、かなり高い精度で客観的に俯瞰できるようになったのだろう。その結果としていい形で自由意志がマネージできるようになったのではないか。

全ての人の日常は平等である。

その時間をどう使うかが肝心なのだ。

欲望というのは、その人がどういう人かを物語る

「欲望」は、自由意志を育むために、非常に大切なので、詳しく触れておきたい。

「あなたの〝欲望〟は何ですか?」と聞かれて、どう答えるだろうか。

〈欲望というのは、その人がどういう人かを雄弁に物語る〉

というのは、これまでいろいろな人に同じ質問をしてきて思うことだ。

欲望というのはそれだけ人に大きな影響を及ぼす。

脳科学的にもそれは理屈に合っている。なぜなら、欲望は脳のあり方を変え、行動にも変化を与え、顔つきを少しずつ変えていくほどのインパクトを持っている。そしてその人の未来を確実に変えていくのだ。

欲望というと、「欲望のおもむくままに」といった表現があるからか、本能的な、あるいは直感的なというイメージがあるかもしれないが、僕が言っているそれはそういう類ではない。もっと人間の奥深い部分でたぎる強い欲求である。

寿司職人として有名な「すきやばし次郎」の店主・小野二郎《おのじろう》さん。二〇一四年、アメリカのバラク・オバマ大統領が来日した際、安倍晋三《あべしんぞう》総理(いずれも当時)がおもてなしをした名店だ。

二郎さんは深い寿司への愛がある一方で、常に新しい寿司のあり方を追究している人でもある。かつて、いくらなどは、普通の江戸前の寿司屋では扱わなかったけれど、二郎さんは積極的に使ってきた。もう九十歳を超えているのに、いまも現場で握って、どうすれば美味しく食べてもらえるのか、美味しくするにはどうしたらいいかをずっと考えている。利益を生むことはもちろん大切なことだが、二郎さんはどちらかというと、美味しい寿司を握って客の喜ぶ顔を見ることが喜びなのではないかと想像する。

それでも藤井聡太が羽生善治にかなわぬところ

欲望の持ち方で印象深い人がもう一人いる。将棋の羽生善治《はぶよしはる》さんである。竜王・名人・王位・王座・棋王・王将・棋聖の七大タイトルをとり、しかも、すべての永世資格を達成して、将棋界で史上初の永世七冠となった。いまは藤井聡太《ふじいそうた》さんが八冠を獲ったので、影にかくれてしまった印象もあるが、羽生さんが持つ欲望を知ると、藤井八冠はただ将棋が強いだけの人だというふうにしかみえなくなる。

実は羽生さんは、古今東西のありとあらゆる〝将棋〟を知悉《ちしつ》している。いまみなさんが楽しんでいる近代将棋になる前の軍人将棋はもとより、将棋のもとになっているインドの〝将棋〟、チェスのようなボードゲームの類……。そうしたものを学ぶ中で、将棋の探究を続けている。単に将棋で強くなろうとしている棋士よりも、羽生さんの〝将棋〟そのものを知ることへの欲望は深いのだ。

大きな世界を見るには、「愛」と「広がり」が必要

最近、スタートアップ業界の関係者の中で、「スケールする」という言葉をよく耳にする。「規模が拡大する」という意味だ。

たとえばシャインマスカットが、僕は大好きだ。まず美味しい。その美味しさは、大げさでなく、果物の概念を変えたのではないか。いまや中国や韓国でも栽培されていて、その拡大の仕方にも目を見張るものがある。

なぜシャインマスカットはスケールしたのか？　そこには、いままでとは違ったマスカットを作るのだという人間の欲望、ひたすら理想の味を追究する強い欲望があったはずだ。

寿司もいまや各国に店があって、世界的に親しまれている。スケールしたといえる。

昔からあるカウンターの店だけでなく、回転寿司のような違った形態の店ができたり、ネタに関してもいろいろな種類の魚、あるいはコーンのような食材も軍艦などの形で採り入れられるようになった。小野二郎さんのように、寿司を愛し、深く掘り下げていく人がいる一方で、いろんな試みで横に展開していく人もいる。

スケールするには、「愛」と「広がり」の二つの条件が揃って初めて実現するのがわかる。宮崎駿《みやざきはやお》作品、ジブリ作品もその二つの条件を備えている。日本のみならず、世界にファンがいる。いくつか要因はあるが、僕は子どもの成長を描くときの「愛の大きさ」だと考えている。親が「うちの子はかわいい」というような狭い愛とは違う、視野の広さ、愛の深さがあるような気がする。

残念ながら世界には広まらなかった旧ジャニーズと比較してみるとよくわかるが、旧ジャニーズにはその広さが足りなかったと考える。

小野二郎さん、羽生善治さん、宮崎駿さんに共通してあるのは、自分がいま向き合っている対象を「メタ認知」する力だと考えている。メタ認知に関しては、このあとで詳しく掘り下げるつもりだが、この三人は広い視点と高い解像度で、自分が立っている場所を正確に把握して、自分が関わっている仕事が何とどうつながっているのかを見つめている。

その過程で、それぞれが携わる対象の「無限」の面白さや魅力に気づいたのではないか。それに気づいたとき、人の欲望はもっとも深くなるような気がする。

その無限の世界がみえると、いまの自分には何が足りないのか、さらに上を目指すには何をしなければならないのかがみえてくるからだ。そうすると、やるべきことがたくさん見えてきて、その人はさらに持つ力を磨いていくことになる。忙しくなり、もっと時間がほしくなり、おそらく楽しくて仕方がないと思うようになるはずだ。

もちろん自分の人生すべてを懸けても、時間切れになってできないというものがみつかるかもしれない。

街並みを見れば、日本人の欲望のあり方が見える

いずれにしても、人生よりも長い時間をかけて取り組まなければ達成できないような、すごい世界を知り、それに少しでも近づきたいという欲望が大きなパワーをもたらすし、

一番美しいのではないかと思うのだ。

欲望は、脳の成長、自由意志のマネジメント能力だけでなく、五年、十年後には街並みや地球の風景も変えていく力になることも付け加えたい。

わかりやすい例でいえば、冒頭で書いた教育関係の講演会に来て僕に質問したお母さん。わが子を偏差値の高い学校に入れたいという欲望を持った親が多いから、日本の駅前には学習塾がいっぱい並んでいる。もし親の意識が、偏差値から何か他のものになれば塾は減り、違う店が駅前に並ぶだろう。

街並みというのは、人の脳の中、欲望の反映であるとも言える。逆にいえば、街並みを見たら、日本人の欲望のあり方が見えてくるのだ。

グラフィックデザイナーの原研哉《はらけんや》さんが「欲望のエデュケーション」という表現を使っていた。原さんは日本のデザインは駄目だと手厳しかった。たとえば日本のクルマのデザインは、フェラーリに比べると、ありきたりだと。なぜかというと、日本人の欲望がその程度にとどまっているからだと言っていた。

原さんは、日本人のデザインに対する欲望をもっともっと洗練されたものにしたり、深めたりすることができるのではないかと考えていた。

イーロン・マスクはメタ認知の精度が高い

精度の高い意思決定をする上で重要なのはメタ認知である。それまでに積んできたいろいろな経験をもとにしたパラメータから、的確なジャッジをするのに必要な能力だ。

メタ認知の精度が高い人といえば、まっさきに思い浮かぶのがイーロン・マスクである。起業家の評価は何に投資するかという判断によって決まるとされるが、マスクが「空飛ぶ車」構想を聞いたときの反応は印象に残っている。

確かTEDで話したときだと思う。僕も会場で聞いたのだが、マスクは「空飛ぶ車ってどう？」と聞かれて、ほぼ即座に「空飛ぶ車はない」と言い切ったのだ。

そのときマスクがいっていたのは、

「ロサンゼルスやサンフランシスコの上空を車がたくさん飛び交ってるなんていう状況は絶対にない」

ただ、地下トンネルを車が走行する構想は提案していた。マスクにとって、地下を走る車はあっても、空飛ぶ車はないという認識なのだろう。危険を想像しての判断かもしれない。

ただ、マスクが常に正しい判断を下しているかというとそうではない。ドージコインなどの仮想通貨、ブロックチェーン技術を基盤としたクレプトカレンシーに対して、果たして正しい判断をしたかどうか。またツイッターへの投資も、下手をすると失敗に終わっていた可能性もあったけれど、Xになって、いろいろなことが変わってきた。先のことはわからないが、これについては悪くない判断だったのではないか。

だから、マスクのような起業家になるためには、とにかく意思決定を積み重ねていく。その経験をひたすら積んでいくことに尽きるのではないかと考えている。

解像度が高すぎる人たち

メタ認知にまつわる話でいちばん面白いのは、二〇〇八年にノーベル物理学賞をとっ益川敏英さんに関すること。物質を構成する基本的な粒子のひとつである「クオーク」に関する研究が評価されて、小林誠《こばやしまこと》さんと一緒に受賞した。

益川さんは、ノーベル賞確実とずっと言われていたのだが、ずっと逃してきて、ついに獲得したときに行われた記者とのぶっ飛んだ質疑応答を覚えている人もいるだろう。

曰く、

「(受賞は)大してうれしくない」

「われわれは科学をやっているのであってノーベル賞を目標にやってきたのではない」

あのとき、「うれしくない」といった理由はあまり知られていない。

益川さんは〝超〟の付くオタクなので、ノーベル物理学賞の予想を毎年していたのだ。物理学の場合は、理論と実験の区別、そして、分野としては素粒子以外にも、物性や宇宙物理学、生物物理などがあって、それをマトリックスみたいにして、今年の受賞者は大体この人になると予想をしていたのだ。だから、二〇〇八年は、「かなり高い確率でわれわれがノーベル賞だ」と踏んでいたらしい。

だから、ノーベル委員会から受賞の知らせが届いたときに、

「いや、それはそうですよね、予想通りだったから」

と言ってしまったのだ。

もちろん嬉しくなかったわけはないんだろうけれど。

そういう予測、メタ認知というのは、大げさじゃないし、かなり正確なのだ。


白洲《しらす》次郎《じろう》さんもメタ認知が高かった人だ。

白洲さんは、兵庫県芦屋の実業家の息子で、ケンブリッジ大学に留学し、帰国後は英字新聞記者や商社などに勤務し、終戦の二年前には、日本が敗戦することを見越して鶴川村（現・東京都町田市）で農業に従事した。

そのとき彼が思っていたのは、「敗戦後は、自分が必要とされるかもしれない」ということ。すると一九四五年に、吉田茂《よしだしげる》から依頼を受け、終戦連絡中央事務局参与に就任し、日本国憲法成立などに関与した。

日本が負けることを見越していたり、自分が必要になることを確信していたり、白洲さんも自分の立ち位置や能力、何ができるのかなどについて高い解像度で見渡せていたのだ。

養老孟司さんとは、対談や鼎談《ていだん》で何度もお話しし、師と仰いでいるが、彼もかなりメタ認知能力が高い。彼は日中関係が破綻することに対して懸念を持っていた。いま、かなりぎくしゃくしている日中関係だが、短期的な視点で関係を緊張状態にもっていってはいけないという。その理由を聞いたとき唸った。彼はこう言うのだ。

東南海地震が近い。日本は壊滅的な被害を受けるだろう。そのときに復興するお金をどうするか？　アメリカに援助できる余裕などないだろう。あるのは中国ぐらいだ、と。

その視野の広さに驚かされた。

僕も養老さんほどではないが、メタ認知の精度はあがっていると思っている。それはなぜかといえば、移動し続けた経験があるからだ。

メタ認知が高くなると、どんな場所でも生きていける

大学、企業の研究所、メディア……と、いろいろな組織、さまざまな職業の人と、日本だけでなく海外でも関わってきた。

移動するたびに、メタ認知をしないと、コミュニケーションをとるのが難しい。たとえば日本人同士が会うと、頭を下げながら「どうもどうも」と言い合う。

しかしそういう態度は、海外にいくと通じない。"How are you doing ?" と言い合って握手する。もしアメリカに行って、「どうもどうも」とやってしまったら、相手は怪訝に思うだろう。

それがメタ認知の第一段階。

でも、外国の人が日本に来ると、僕はつい「どうもどうも」とやっているような気がする。どっちが上・下ではなくて、その場の雰囲気で、自由自在にどちらの態度で対応するか、切り替えられるようになる。これが第二段階だ。

アメリカでクルマを運転するとき、左ハンドルで右側通行になるのはあらためて言うまでもない。その方式に慣れてから日本に戻って運転すると、しばらく戸惑ったりすることもある。なかにはそれを自慢げに言う人がいるが、そういう馬鹿にならないようにしたい。規則の違いをことさら言い立てずに、自由に切り替えられるようになるのがカッコいいことだと思うし、メタ認知が高いということだ。

それはさておき、こういうことを繰り返しやってきたので、メタ認知が強くなったのかもしれない。足を踏み入れた場所に合わせて、自分がどうするかをコントロールできる。

「Be water」(水になれ)

俳優・武道家のブルース・リーの言葉である。

「どんな容れ物にも対応できるように、水のようになれ」

メタ認知は水になるように状況を把握することである。

なぜ経済学者は株式投資で儲けられないのか

メタ認知があれば、経済学者が株式投資をすればかなり儲かるのではないかと思う。しかしそうはならないのだ。

普通に考えれば、経済のスペシャリストなのだから、かなり高い精度のメタ認知が発揮され、株式投資で儲け、経営者としても経済理論を駆使して、企業業績を伸ばしていけるのではないかと思ってしまう。

実は、かなり不思議なことだが、必ずしも成功をするとは限らないのだ。

二〇世紀末、高度な金融工学理論を駆使していたアメリカのヘッジファンド「ロングターム・キャピタル・マネジメント（LTCM）」が、設立からわずか四年で破綻した。

運用チームは〝ドリームチーム〟と言われる陣容だった。ノーベル経済学賞を受賞した二人の経済学者、マイロン・ショールズとロバート・マートンに加え、ソロモン・ブラザーズの著名な債券トレーダー、ジョン・メリウェザー、取締役にはFRB副議長だったデビッド・マリンズが座っていた。それ以外にもかなりの著名人が役員になっていた。

そのメンバーを見て、世界中から資金が集まった。巨大なレバレッジを仕掛けて運用を行い、一時は四〇パーセントを超える運用益を記録していた。

しかし幸せは長く続かなかった。アジア通貨危機による相場の大変動に対応できず、設立から四年で破綻。市場から退場を迫られた。

経済学者であるにもかかわらず、というべきか、経済学者だからこそ失敗したというべきか……。

人間はそれほどに非合理的な存在なのである。

作家・小川哲《おがわさとし》さんの小説『君が手にするはずだった黄金について』（新潮社）という短編集の表題作は考えさせられる。

みんな黄金を摑みたいんだけれど、黄金がどこにあるのかわからない。よく見ると、一番儲けているのは、黄金を掘るためのスコップを売っている人というくだりがあって、これは深い洞察だと思った。

黄金を探すという行為は、欲望の総合格闘技みたいなものだ。何が人の欲望を掻き立てるか、その中で利益を得るために何をするべきかを着想するには、深い洞察がないと難しい。経済理論による分析だけでは無理だろう。

目標の人を設定することで発揮される意外な効果

欲望を設定するとき、「○○さんのようになりたい」と、具体的な人物をあげるケースは多い。

「イーロン・マスクのようになりたい」はよく聞くが、先に述べたように堀江さんや、ひろゆきさん、成田悠輔さんといった名前をあげる人もいる。

原則論を言えば、特定の人をあげて「○○のようになりたい」という目標設定は適切ではない。同じような人は世の中に二人も必要ないし、そもそも同じような人物になるのは無理だからだ。堀江、ひろゆき、成田の三氏は世界に一人いればいい。必要なのは、彼らがカバーしきれなかった新しい分野を切り開ける人だ。

ただ、ひとつ留保をつけておきたい。

落語の世界で、たとえば立川流の人たちは、立川談志《たてかわだんし》に憧れて、談志のようになりたいと思ったり、談志みたいな表現がしたいという強い欲望があったりして入門している。志の輔《しのすけ》、談春《だんしゅん》、志らく《しらく》……いずれも立川流の噺家で、落語界をある意味で引っ張る存在になっている。しかしそんな彼らでさえ、談志を超えられたかというとそうはなっていない。最初は談志のようになりたいと思うのだが、いずれ無理だということに気づく。どうするかといえば、みな自分にできるそれぞれの道を探っていく。その結果、独自の個性にあった芸を磨いていった。

そういう軌道修正はありだと思う。だから、ある特定の人を、自分の力をある一定の水準に引きあげる対象として目標に設定するのはいいのではないか。

首の長いキリンと有名になりたい若者は似ている!?

僕の部屋には、アインシュタインの写真が飾ってある。アインシュタインのようになるという意味もないわけではないが、いい科学者として活躍するという自分の気持ちの表れで、目標設定というわけではない。何か自分の目の前の具体的な課題があって、そのときに〝アインシュタインだったらどう考えるかな〟と思うことはある。ただ、自覚はないが、無意識のうちにそれがどこかで研究の動機付けになっているかもしれない。

そこで思い出すのは、キリンの話。

キリンの首が長いのは、なぜか。

高いところにある葉っぱを食べたいからではないかということが、まことしやかに囁かれたけれど、解剖学的な進化の道筋はそれとは違う。脳の回路の視点で見ると、「キリン」が高いところにある葉っぱを食べたい欲望があるから、「首」が伸びるということが実際に起こるのだ。それが学習というものである。

もし、ただ有名になりたいと願う若者がいるとしたら、その人には有名になるための回路が伸びていくわけだから、その欲望は大事だし、誰か目標にする人に近づきたいとか、そういう設定の仕方はあながち悪い方法ではないと思う。

第4章

日本には意思決定を邪魔するもので溢れている

コスパの発想は脳の活力を弱くする

〝コスパ〟〝タイパ〟という言葉が、口の端《はし》に上るようになったのはいつからだろうか。コストパフォーマンスやタイムパフォーマンスというとき、その人たちは、ある時間の中で、効率よくエンタメを楽しむとか、食事をするとか、そういう目的で使っていると思う。ただ、そういう脳の捉え方は、脳科学者からするとものすごく幼稚なのだ。

会社勤務の空いた時間で、グルメサイトでみたコスパのいいレストランでランチを楽しんだり、お休みの日の限られた時間の中で、映画を速回しで見たりするのはいい。食事を楽しもうとか、情報を得て、それを自分の知識にしたりするには役立つだろう。でも、非常に限られた文脈の中でしか役に立たないし、付加価値を生まないだろう。

脳を育てていく、自由意志を育んでいくという視点から考えると、経験やそれに使う時間は「投資」と捉えたほうがいい。タイパ・コスパを重視した時間の使い方、脳の使い方をしていると、畑の栄養がなくなり、痩せていくように、脳も物事を生み出したりする活力が弱くなったりしてしまう。

ＡＩには「強化学習」というメカニズムがあって、とにかくいろいろな情報を日々貪欲に取り込んでいる。

スロットマシーンを例にとって説明すると、Ａというスロットマシーンでは、なかなか当たらないんだけれど、当たると大きい。Ｂのスロットマシーンは、当たる頻度はかなり高いのだが、リターンは少ない。

スロットマシーンＡを選んだときに起きるであろう実例がある。

それは、ＯｐｅｎＡＩの創業者である、サム・アルトマンとイリヤ・サツキバーである。ＯｐｅｎＡＩが設立されたのが二〇一五年。しかし当時は、ＣｈａｔＧＰＴのようなものができるなどと、誰も思っていなかった。おそらく本人たちも思っていなかったが、彼らは賭けにでた。するとＣｈａｔＧＰＴがすごく評価され、Ｍｉｃｒｏｓｏｆｔから一〇〇億ドルの出資をし、なおかつ四九％の株式を取得した。いきなり彼らはリッチになったのだが、それができたのは、当たる確率は低いけれど、当たったら大きいスロットマシーンに賭けたからだ。

受験戦争で勝っても少ないリターンしか得られない

それに比べて、日本のタイパ・コスパ派の話を聞いていると、貧しいイメージしか伝わってこない。

たとえば給料が上がらないから、どうやったら自分にとって納得のいく時間の使い方になるのかを、ひたすら考えている。どんなことをやっても、自分の創造性が正当に評価されずに給与も据え置きになるのであれば、適当に手を抜こうとか、自分の労働の質を下げても、それに見合った満足を得るという貧しい精神が起点になっている。

「当たる確率は高いがリターンは少ない」スロットマシーンBで思い浮かぶのは、中学受験に一生懸命になっている人たちだ。要するに受験というのは、日本という狭い世界で、席の取り合いをしているのだ。

確かにスロットマシーンBに賭けて、大企業などに就職するというルートを辿れば、もしかしたら安定した人生を歩めるかもしれない。給料もある程度高い水準で、そこそこ贅沢もできるだろう。もちろんそういう選択を批判するつもりはない。

それに対しスロットマシーンAの場合であれば、確かにリスクテークすることになるが、海外の大学などに留学して起業するといった道があるはずだ。そうすれば、サツキバーほどではないにしても、たくさんのリターンを手にすることができるかもしれない。

コスパ・タイパは使われる側、指示される側の工夫であって、自分の運命を決められない人の言い分だ。おそらくイーロン・マスクの口からは、まずコスパ・タイパなどの言葉はでないと思う。彼らの部下からはでるかもしれないけれど。

見方を変えれば、コスパ・タイパという言葉は、日本の中に巣くっている消極的なムード、人に使われている感、クリエイティビティのなさを顕わにしている気がする。日本には、こういうムードが強いから、付加価値が生まれにくい状態になっているのではないか。

大事なのは〈Out of The Box〉、つまり旧態依然とした箱から外に出て考える自由を手にすることである。つまり、人と違う体験をして、自分の畑を肥やし、その中で体験を積み続ける。そうして新しい幻想ができ、新しい何かを生み出していく。それがイノベーションやクリエイティビティにつながっていく。

内向き思考の日本人は世界の動きに鈍感

さきほど〈Out of The Box〉の話をしたが、コスパ・タイパを優先して目が内向きになっているせいなのか、世界の新しい動きに日本人は鈍感だ。それを痛感する出来事があった。

二〇二三年七月、「常温常圧超伝導」の物質が見つかったという情報が世界を駆け巡った。

超伝導の技術は、リニアモーターカーの実験線や医療用ＭＲＩにも使われている。超伝導は、電気抵抗がゼロになる現象で、現時点で使用できるのは、冷却して極低温のときに限られているので、使用範囲がまだ少ない。

しかしこの常温常圧超伝導は、常温のままで超伝導状態になるという。もしこれが可能になると、電気抵抗ゼロで送電することが可能になる。電線にも使用できて、遠隔地に送電するときのエネルギーロスがなくなる。リニアモーターカーは大幅にコストダウンできるし、コンピュータにも活用が可能だと考えられている。コンピュータの計算速度は、電気抵抗が課題になっているので、常温常圧超伝導があれば、コンピュータの消費電力も減らすことが可能になる。実用化されたら社会に大きな変革をもたらす。

〝夢の発見〟を成し遂げたと発表したのは韓国の量子エネルギー研究センターのチーム。銅、鉛、リン、酸素からなるこの物質の名前は「LK—99」。

ただ、世界中の研究者がこの技術の再現を試みたが、実現には至らず、雑誌「ネイチャー」も「超伝導体ではない」と断定した。

結果こそ残念なものだったのだが、このニュースが伝わると、世界中の科学者たちは色めき立ち、超伝導関連の株価も高騰した。とくに英語圏の科学者たちはSNSへ熱心に投稿し、異常な盛り上がり方を見せ、検証実験のスピード感もすごかった。

スタートアップは雰囲気だけ

その現象を見ていて感じたのは、日本の鈍さだった。盛り上がりから完全に取り残されていたからだ。

この鈍さは深刻だと思った。

もし常温常圧超伝導が実現したら、世界は本当に変わってしまうのに、日本の研究者や周辺の反応が歯がゆいぐらいだった。

ネオマイルドヤンキーの奮起も促したい。

普段は、スタートアップの連中ときたら、〝俺たちのほうがやるんだぜ！〟みたいな雰囲気を漂わせて鼻息が荒いのに、こういう常温常圧超伝導には鈍いし、ＯｐｅｎＡＩなどを立ち上げたりするアメリカの起業家に比べるとこぢんまりしている。日本の起業家は、プログラミング能力も数理解析能力も持ち合わせていないのだから仕方ないのだけれど。

タクシーに乗るとスタートアップの広告が流れてくるのを見ることがあるが、もっとデカいことができないのか。

お笑いが面白ければ、メタ認知は鍛えられる

僕は以前、吉本興業に代表される日本のお笑いの貧困さに絶望して、「海外のコメディはいいよ」キャンペーンを展開したことがある。

ツイッター（当時）で、「日本のお笑い芸人たちは、上下関係や空気を読んだ笑いに終始し、権力者に批評の目を向けた笑いは皆無。後者が支配する地上波テレビはオワコン」とつぶやいて、お笑い界から総攻撃をあびた。ダウンタウンの松本人志《まつもとひとし》さんからも、「茂木さんが全然面白くないから。笑いのセンスがまったくないから、この人に言われても『刺さらねぇぜー』って感じ」「全然腹が立たなかった」などと批判をいただいた。それにもめげず、海外のコメディを広めようとしたが、結局諦めた。

なぜ脳科学を研究している僕が、お笑いについて言及するのかといえば、それには訳がある。

僕は子どもの頃から寄席に通って、三遊亭圓生《さんゆうていえんしょう》や、五代目・柳家小《やなぎやこ》さんといった昭和の名人たちを生で見てきた。昭和のいる・こいるさんを見るのも好きだった。

そんな僕が衝撃を受けたのは、小学五年生のときにみた、イギリスのコメディ集団「モンティ・パイソン」。その面白さに熱中した。寄席の場合、落語の枕、ときに漫才の中でも、時事的な問題や政治批判を織り込むことがあるが、「モンティ・パイソン」のコントでも、政治家や、イギリス王室までも笑いの対象にしていた。

僕は、日本のお笑い芸人はなぜ時事ネタをやらないのかと思っていた。本当は「もったいない」ことだからだ。

コメディというのは、楽しむためにメタ認知を必要とする。それをすることは思考を柔軟に保たねばならず、それはひいては心にビタミン剤のように作用する。お笑いが面白ければメタ認知が鍛えられるチャンスなのだ。日本人に欠けているのはそうしたコメディの精神だと思う。

僕のやっていたことは、吉本興業とか有吉弘行《ありよしひろゆき》のお笑い番組を見ている家のピンポンをならして、「海外のスタンダップコメディは面白いですよ、持ってきました」と言って、「そんなもん、いらんから」と言われたようなもの。それはしようがない、さよならと、

「海外のコメディはいいよ」キャンペーンは終了したのだ。

AIが怖いと思っていると脳は育たない

枕が少し長くなってしまったが、その活動をやっていて思ったことがある。それは人はあまり変わりたくないのだ、ということだ。

割と最近、編集者から聞いた話では、AI関連の本が意外と伸び悩んでいるらしい。その理由をある人が分析していたのだけれど、AIが怖いと思っているかららしい。要するに今まで自分たちが親しんできた生活や仕事などが、AIによって脅かされる可能性があると思っているのだ。わざわざお金を払って、不安になることを知りたくないというのが、大衆のホンネなのかもしれない。

そもそも人間の体は、ホメオスタシス（恒常性）という本能があって、変わらないようにできている。それもあってか、変わりたくないという欲望をもっているのが人間なのか、と考えた。でも、僕自身のことを振り返っても、やはり人間は変わると思う。三十歳のときの自分と今ではまったく違うわけだから。

心理学上の概念の一つに『「歴史の終わり」幻想』がある。世界はこれ以上変わらない、自分もずっとこんな感じなのだろうと思うことだ。特に大人になってからの心理だ。

アメリカの政治経済学者フランシス・フクヤマが、ベルリンの壁が崩壊した直後の一九九二年に、“The End of History and the Last Man”（邦題『歴史の終わり』）という本を書いた。ベルリンの壁崩壊後に冷戦が終わり、ソ連が崩壊した。当時は、自由主義陣営が勝利を収め、これで体制間競争も終わって、最終的に民主主義と自由主義経済が人類のスタンダードになったのだ、という意味のことを書いた。

当時は注目を集めた本だったが、いま何が起こっているかという説明にはあまりなっていないと思う。世界はむしろ多極化し、中国のような権威主義的な国が勢力を伸ばしている。ある説では、世界人口の七割が、権威主義的な政治体制のもとで生きているというが、いずれにしても、世界の歴史も個人の歴史も終わっていないということである。

僕は『「歴史の終わり」幻想』を壊すことが重要だと思っている。いまある状況から変わっていく、そんな欲望が持てるようにしなければ、脳の幻想は育たないと思うのだ。

「裏から圧力がかかっている」系陰謀論が大好きな日本人

陰謀説にも日本人の特徴がでている。

スウェーデンの環境活動家グレタ・トゥーンベリ。彼女は、一人で活動を始めたのだが、日本人の反応の仕方は、「彼女の背後にはグリーンピースがあるのでしょう」などと、あたかも誰かが彼女を操っているかのような視点で反応する傾向が強い。

それは何を意味するかといえば、個人が自由に考えて行動するなんてことがあるとは思っていないからだろう。

陰謀論にもいろいろなパターンがあるが、欧米型の陰謀論は、たとえば世界シェアを目論む少数派がいて、その勢力が陰謀をめぐらしているというタイプだ。それに対し日本型のそれは、長いものに巻かれているタイプの陰謀論が多い気がする。「裏から圧力がかかって言わされてるんでしょ」みたいな筋書きだ。

陰謀論でもう一つ大事なのは、陰謀論との距離の取り方である。

陰謀論にもそれなりの理屈があって、ある種の真実を持っているから広がる。まったく間違いではないというものも含まれている。

たとえば新型コロナワクチンの接種が始まったときも、医薬品メーカーが儲けるために関わっているという話がＳＮＳで流布《るふ》した。そういう側面も考えられるけれど、疫学的にはコロナにかかったり、重症化する確率が下がることも事実で、副反応というリスクを秤にかけて、ワクチンを打つ方が合理的だと思うのも正しい。

偏差値は、予備校など受験産業が、自分たちの産業振興のために作った指標である。その見方は正しいのだが、いままさに受験生だとしたら、とりあえず自分の志望大学に入ることを第一に考えなければいけないから、客観的な指標として偏差値を参考にするのは正しい。

いちばんいけない態度は、「偏差値なんていう代物は、業界が自分たちの金儲けのために作ったものだから、俺は無視する」などと言って、でたらめに受験して玉砕するというものだ。

Ｘなどで騒いでいる人たちの中には、その認識が不足している人がかなりいる。僕も受験生に相談されるときに偏差値を聞いて、「何判定だったの？　もっと頑張れよな」など言うことがある。

「偏差値は予備校業界の金儲けの道具だ」という見方をしながらも、ときと場合によってはしたたかに利用することも必要だ。

世間の空気を読まないことに罰を下す「日本型炎上」

陰謀論とよく似た反応がみてとれるのが、炎上だ。

炎上の大前提としてあるのは同調圧力。自分がどう考えるか、どう行動するかという前に、世間がどういう考えで動いているかを見定めるプロセスがある。さらに、その世間の空気を読まないことに対して世間が下す罰、というのが「日本型炎上」の特徴だ。

世間の考えを無視して発言した者に対して、

「何でそんなこと言ってんだよ！」

と袋叩きにするのが炎上のイメージだ。

僕もときどき炎上しているが、原因を探ると、発言した意見が世間の最大多数と言われている価値観と違うからだ。日本の世論形成のされ方を観察していると、ゲーム理論的表現でいえば「最大多数は何か」を常に当てにいっている印象だ。

たとえば部屋の中に二十人いるとして、あなたの意見は何ですかと聞かれたとしたら、二十人それぞれが顔を見合わせて、

〈今、この部屋の中で一番多い意見は何かな〉

という問題を推理するゲームをしているのが、日本の言論空間だ。

海外にも炎上はあって、英語圏では「フレーミング」(flaming)という言葉を当てるが、日本の炎上とは対照的な起こり方だ。

欧米では誰かが何かを仕掛けたときに起こることが多い。たとえばイーロン・マスクがツイッターをXにしたり。それが炎のように広がっていくのが欧米型フレーミングの特徴だ。広がり方もボコボコに袋だたきにされるというよりも、話題がワッと広がるイメージだ。

陰謀論でも少し感じていたことだが、やはり炎上の場合も、日本の場合は、何かにアクションを起こすより、アクションを起こさない人が、起こした人に鉄槌を加える傾向が強い。

背景には、日常ためこんでいる鬱憤があると思う。

池袋の自動車事故で有罪となった元官僚が、「上級国民」という言葉で炎上したのを覚えている人もいるだろう。あの炎上の仕方をみていると、大学に行った人とそうでない人、高級官僚だった人とそうでない人――そういうメリトクラシーによる鬱憤が「上級国民」というワードによって「代理炎上」をしたのだ。それによって一瞬スカッとするのである。そういう鬱憤というのは普段は自分の中に押し込めているので、おそらく本人も気づいていないもので、あのような事件があると心の奥底に眠っていたネガティブな感情が表面化するのだ。

日本人にも自由意志が乱舞していた時代があった

ここまで読むと、日本人は自由意志とはずいぶんかけ離れた日常を送っていることがわかるだろう。

ただ、この国は面白くて、戦国時代は、おそらく世界の中でも稀に見るぐらい自由意志が乱舞していた時代だった気がする。日本人というのは、意外と豹変する国民性なのだろう。

また、江戸時代の二百六十五年間は、みんな大人しくしていたのだけれど、島原の乱、あるいは大塩《おおしお》平八郎《へいはちろう》の乱など、ときどき自由意志を突然発揮するときがある。幕末から明治維新になる頃も、日本人の自由意志の発揮の仕方はすごかったと思う。

近代国家になるために憲法を制定する必要があるから、ドイツの憲法を学びに行こうとか、刑法はフランスが進んでいるらしいからフランスに誰かを派遣しようとか。あるいは、高度な教育も必要だから、「大学」という高等教育機関もつくらねばということで準備を始めたりもしている。

英語教育は最初は外国人が講義していたが、夏目漱石あたりから、日本人も教えることになった。

自由意志を発揮した坂本龍馬

個別に見ていけば、たとえば坂本龍馬。土佐藩を脱藩するわけだが、当時の常識では、土佐藩にずっと仕えるのが筋だっただろう。しかし、あの頃、海外の武器商人などが、いろいろ思惑を持って日本にお金や武器を提供していた。その一人イギリス商人グラバーから龍馬は銃など兵器を購入し、長州藩に渡す。それが薩長同盟を生み、討幕運動へと進んでいく。

もし当時、武器商人などがいなければ、龍馬はあれほど大きな仕事はできなかったはずだ。龍馬はまわりをよく見て、繋がるべき人と繋がり、いるべき場所にいたというたくさんの積み上げをした結果、自由意志をよりよく発揮できるようになったのである。

しかしいまは、龍馬のように、危険をおかして脱藩しようという人は少ないだろう。

一度会社に就職すると、同じ会社でずっと勤め続ける人は、二〇一六年時点で、大卒者で約半数、高卒者で約三割という結果がでている(厚生労働省調べ)。

本音では、「同じ会社で仕事をしたいのか」という願望を調査したデータもある。労働政策研究・研修機構の「第7回勤労生活に関する調査」（二〇一六年）である。すると、「終身雇用」を支持する人の割合は、過去最高の八七・九％。とくに二十〜三十歳代で「終身雇用」「年功賃金」を支持する割合が二〇〇七年から急激に伸び、年齢階層による違いがあまりみられなくなったという。

低成長の時代ということもあるのだろう、終身雇用願望が以前よりも高くなっているのは、うなずける。

自由意志の連鎖というのか、『竜馬がゆく』を読んだ孫正義さんが、高校をやめて渡米したというのも面白い。

時代を経ても、自由意志を発揮する人がいないわけではないのだが、社会の風潮、あるいはメディアの風潮としては、安心安全、失敗しないことを優先して、狭い自由意志しか発揮していないような気がする。

日本で自由意志が乱舞していた時代というのは、やはり国が危うくなったときだ。令和日本もかなり危うくなっていると思うのだが、まだあまり考えなくていいと思っているのだろう。中高生と話し合っていると、おおまかに要約すると、「コンビニがあって

ＹｏｕＴｕｂｅが見られれば、それでいいし」みたいなことを言う。

安定している、と思っているときは、自由意志はあまり活発にならないものなのだ。

世界的ＩＴ経営者達が注目する柔術は意思決定の質を上げてくれる

自由意志にまつわる文化が日本にないわけではない。実は武道の中に自由意志を育てるものがある。

柔術である。

柔術にはイーロン・マスクやマーク・ザッカーバーグ、マサチューセッツ工科大学でＡＩを研究しつつ、一方でポッドキャストを運営するレックス・フリードマンといった錚々たるＩＴ経営者が注目し、実践している。

正確に言うと、「グレイシー柔術」（ブラジリアン柔術）である。柔道家・前田光世《まえだみつよ》が、柔道使節団の一員として渡米し、柔道の普及のため、各地でボクサーや拳法家、プロレスラーなどと「異種格闘技戦」を行った。その後世界を転戦し、二千戦以上に及ぶ試合に勝利をおさめた彼は、晩年移住したブラジルで、移民の息子カーロス・グレイシーに、柔術を教えた。グレイシーによって進化した格闘技術が、「グレイシー柔術」として、ブラジルで独自の進化を遂げていった。

本家本元は日本であると言いたかったのだが、ともかく、今ＩＴの経営者などが柔術にハマっている。ＸのマスクとＭｅｔａのザッカーバーグが柔術の試合をやるとかやらないとかという話になっている。

柔術という言葉は最近、日本語で「柔術」という形で耳にするよりも、英語で「Ｊｉｕ-Ｊｉｔｓｕ」として目にする方がはるかに多くなっている気がする。とくにアメリカで大ブームなのだ。

それはさておき、なぜＩＴ経営者たちが柔術にハマるのか。

体の使い方がポイントである。

柔術には相手がいる。その相手の動きに合わせて柔軟に自分の体も動かす。たとえ相手よりも体が小さくても、相手の力を利用して倒せる。柔らかくしなやかな者が、剛強な者に勝つことができることを「柔よく剛を制す」といわれ、まさにそれが実現できるのだ。

フルコンタクトでぶつかり合うような状況でどう身をこなすかということに、マスクなどのＩＴ経営者は注目し、柔術を通して学ぼうとしているのだろう。ビジネスにおける意思決定を支えるテクノロジーになっている可能性が高い。

たとえばＩＴ業界には、Ｘだけでなく、Ｇｏｏｇｌｅがあって、ＦａｃｅｂｏｏｋのＭｅｔａがあって、Ａｐｐｌｅ……など多くの競合他社がひしめいている。そんな中で経営をしていくのは、柔術のスピリットに似ているというわけだ。

自分の目的を達成するために、力ずくで相手を抑えようとしても難しい。むしろ相手の力をうまく利用してみる。まさに現代においてすごく重要なこと、非常に深いことを、実際に体を動かしながら感じ取ろうとしているのだ。

宮本武蔵の考え方は自由意志にとって重要

宮本武蔵《みやもとむさし》の『五輪書』も海外で注目されている。

武蔵の言葉が参考にされているのは、命が関わるような局面での選択と実行の極意でである。一対一での局面におかれたときの心の持ちようだ。日本では多くの場合、一対一で剣を交える戦い、名を名乗って正々堂々とした戦いが行われてきた。こういう戦い方は、世界的に見ると例外的だ。もちろん「だまし討ち」「寝首をかく」といった行為は日本でも行われてきたが、どちらかといえば武士の値打ちを下げるものとされてきた。

武蔵の言葉の中で今日もっとも注目されるものの一つはこれだ。

「何かに注意を置きすぎてはいけない。全体を柔らかく見なくてはいけない」

全体に目を配らないと、見る範囲が狭く、入る情報が限られてしまうというわけだ。柔軟にそのときどきに応じた身の振り方をするためには、全体を柔らかく見ることで、そうした対応の仕方ができる。

武蔵の考え方は、自由意志の中でよく引用される。意思決定のときには、全体を見ないと正しい判断はできないからだ。

また、武蔵の言葉は、「相手のことをありのままに受け入れる」というマインドフルネスとも通ずる。『五輪書』は、いまでいう心理学なのだ。これについては、あとで詳しく説明する。

こうした感覚は、本来日本人が伝統的に受け継いできたものだが、西洋文明に浸るうちに、忘れてしまったのだろう。

「なるようになる」精神の日本人とAIは相性が良い

AIと意思決定の話は冒頭に書いた。

これからもAIがどう発展していくかが話題の中心になっていくと思われるが、日本人はもっと積極的になるべきだ。

なぜなら、いまはAI開発の中心になっている欧米人が見えていない部分が日本人には見えているからだ。

たとえば、AIの議論で定番となっているのが、シンギュラリティ（技術的特異点）である。AIが人間を上回る知能をもってしまうのはもちろん気になるだろうし、気持ちはわかる。

ただ、やや粗い表現だが、そうした危惧というのは、一神教的なものの影響があるのではないかと思うのだ。つまり、〝AIがシンギュラリティをむかえちゃう。そしてAIが全世界を支配するんじゃないか〟みたいなことを言っていたりする。

オックスフォード大学のニック・ボストロム教授（哲学者）が、「ペーパークリップ・マキシマイザー」という思考実験をしている。ペーパークリップ、つまり紙を束ねる文房具だが、その製造に特化したAIがいると仮定する。AIは製造を最大化しようとするから、製造に必要な原料は、自動車やビルや道路の舗装、そして人間でさえ材料にしたりエネルギー源にしたりしてクリップをつくりだしてしまう。やがて、「ペーパークリップ最大化知能」は、地球上をペーパークリップだらけにしてしまう。もちろん、人類はとっくの昔に絶滅している……。

これだけを読むと馬鹿げた妄想だと感じるけれども、ボストロム自身は大真面目で、倫理を教えないとAIは暴走してしまうと警告しているのだ。

なぜそういう議論が出てきてしまうのかというと、神様が世界を創造したというフィクションから始まっているからだ。

それに対して日本人はどうか。

養老孟司さんがよくいう「なるようになる」。養老さんだけではなく、あれぐらいの年齢以上の人でそういう言い方をする人はいた。日本人特有の考え方かもしれない。僕もずいぶんいい加減な言い方だと思ったことがあるが、脳科学や人工知能、現代の科学技術の進展を見てくると、どうも養老さんの言っていることの方が真実に近いのではないかと感じたりする。

要するに、われわれは自分で決めているわけではなく、「なるようになる」という方がどうも真実に近いような気がするのだ。自由意志についても日本人の感覚、捉え方に近いような気がする。

だからペーパークリップのようなことは、日本人はまず最初から考えないだろう。

ドラえもんが未来のAIのヒントになる

AIやロボットの研究者にも共通するが、海外、とくに欧米の研究者は、AIやロボットを「支配」の対象、あるいは「奴隷」のように捉える傾向がある。日本人はそういう捉え方はしない。

そうした日本人のイメージに一番大きな影響を与えているのが、「ドラえもん」だと思う。日本人はＡＩやロボットも必ずしも対立的に見ないのは、ドラえもんや鉄腕アトムの影響が大きいのではないか。

ドラえもんというのは、未来から来たネコ型ロボットで、しかもＡＩだ。

このアニメでは、ドラえもんは支配される対象でも奴隷でもない。のび太というちょっとだらしない男の子が宿題をするのがイヤで、「ドラえもん、やってよ」と頼ろうとするとき、必ずしもロボットのように全面的に手伝っているわけではない。「自分で勉強しないと駄目だよ」などと諭したりする。

あれがまさにＡＩと人間の関係を考える上ですごく面白い。

ドラえもんが図らずも示す「ＡＩのあり方」は、人間のことを思いやって、あえて教えないという賢明さだ。そういうあるべきＡＩの雛形がドラえもんの中に大量にちりばめられているのだ。

ドラえもんに「どくさいスイッチ」という回がある。

のび太が野球をしていて、ジャイアンにバカにされたので、ドラえもんに相談すると、気に入らない人を消すことができる「どくさいスイッチ」を渡される。ジャイアンを消して、今度は腹が立つことをされたスネ夫を消してしまい、結局、地球上の人すべてを消してしまう。しかし訪れる孤独。

そこでドラえもんがでてきて、気に入らない人を消していくとこんなことになってしまうのだ、と言って、ことの重大さをのび太に教えた上で、消えた人をドラえもんが元に戻すというお話。

アメリカ人がAIやロボットを扱った作品をつくると、こうはならない。たとえば『ターミネーター』(一九八四年)では、AIが搭載されたキラーロボットが標的をねらっていく——というような捉え方になってしまう。

人とAIはどうすればうまく付きあっていけるかという「AIアライメント」について考えるとき、ドラえもん、あるいは鉄腕アトムは貴重な作品である。そこには日本人のAIに対する独特の捉え方がある。それをAIに組み込んでいけば、共存できるAIが開発されると思うのだ。

話が少し本題からそれてしまった。

四章では、日本人論や文明批評のような記述が多くなったが、日本には根強くこういう文化・考え方が残っていることを指摘したかったのだ。これらは脳を育てる上で障害となるので、意識したほうがいいと考えた。

第5章

自由意志を発揮するために必要なこと

常にマインドフルネスの状態を保っておく

十年、二十年かけていろいろな経験を積み上げながら、脳によい幻想を見せ、自由意志を育むことの大切さをこれまで述べてきた。

では、実際に判断をするというときに、どんな状態に体や心を整えておけばいいのかについて、記していきたい。

先ほど、宮本武蔵の『五輪書』のところでも書いたが、マインドフルネスの状態を保つことは重要だ。

マインドフルネスという言葉は、よく見聞きするようになったが、端的にいえば座禅中の、瞑想しているときのような状態を指す。そうした中であれば、多くのことを同時並列的に感じられる。宮本武蔵の言葉、「何かに注意を置きすぎてはいけない。全体を柔らかく見なくてはいけない」と重なる。

われわれがいい選択ができないときというのは、往々にしてマインドフルネスがうまくいっていないことが多い。テンパった状態になって目の前のことしか見ていなかったりする。

たとえば恋愛でも、自分の思いばかりが先走ってしまい、相手が見えていない人は、恋愛に失敗することが多い。

ビジネスでも、自分がこういうことをやりたいという一方的な思いだけが強くて、相手企業の求めることや、社会状況がしっかりと見えていないと、失敗する。

僕も職業柄、いろいろな分野で成功した人たちに会ってインタビューをしてきたが、多くの成功者が口を揃えて言うのは、「タイミング」。

これはなかなか味わい深い話で、成功をしている人ほど、今はこの作品を出すタイミングではないということを察知して発表を延ばしたりする。その人たちは、今こそこの作品を出すべきだというタイミングを肌で感じるようなのだ。

それに比べて駄目な人は、何かを表現したいときに、自分の思いばかりが先走ってしまう傾向がある。だから一方通行になってしまう確率が高い。

ものを考えるときも、目の前のことに意識を奪われて視野が狭くなってしまうと、木ばかりを見て森をみない状態になって、別の視点から考えることができなくなって煮詰まるということがある。そういうときにマインドフルネスはとても役立つ。

スティーブ・ジョブズは座禅と親和性が高い

マインドフルネスのもう一つの効用は、脳内に「デフォルト・モード・ネットワーク」が働くようになることだ。

これはユニークな神経回路で、前頭前野や扁桃体といった、脳の各部位をつないで束ねる中心的な役割を果たしている。

通常、人の脳は考えごとをしているときに活発に動く。ところがデフォルト・モード・ネットワークは、そうしたときには活動をせず、ある意味ボーッとして何も考えていないときだけ活発化する特質がある。言わば脳がアイドリング状態のときに活動する神経回路なのだ。

脳はアイドリングをしながら何をしているのかといえば、いままでの経験や知識、あるいはスキルといった情報整理や自分自身の振り返りである。僕はその状態を「閉店後のレストラン」と形容することが多い。客が帰って店が閉まると、ホッと一息つき、スタッフ全員がフロアに集まって、「きょう、こんなお客さんがいて……」「この料理を美味しいという人が多かった」「お客さまへの接客でよかったのは……」などと、その日の振り返りを行う。それによって、情報や感情をシェアする。それがすなわち、「デフォルト・モード・ネットワーク」の働きである。

そうした情報整理をすることで、頭がクリアになり、それまでに集めた情報や記憶が結びつきやすくなり、創造性が高まり、新しいアイデアも生まれやすくなるのだ。

マインドフルネスの状態になると、次のようなことも頭の中で整理されてくる。

自分の置かれている状況や、現在の時代の流れ、それに加えて自分自身のこと、たとえば性格、自分が夢見ていることとか、自分が目指している方向、行きたい場所、自分が成し遂げたいことなどをすべて把握した上で、今この状況でどういう判断をすべきか……。

マインドフルネスの状態になるにはどうしたらいいのか。

座禅もその一つだ。瞑想状態に入るには、自分の呼吸や心臓の動きに注意を向けることだと言われている。

ただ、僕は座禅に代表される伝統的なマインドフルネスの手法をあえて推奨しない。というのは、僕自身も何回も座禅などをしたことがあるし、マインドフルネスの一派のような方ともよく会ったりした。しかし、そういう方に共通しているのは、意外と遠くの世界が見えていなかったりすることだ。マインドフルネスという、ある種理想化された「繭」のような世界に閉じこもっているとうまくいかないことが多い。

もちろんマインドフルネスができていない人が、いわば〝クリニック〟に行くような目的で座禅をやるのは一つの選択肢だと思う。その体験から、自分にその方法が合っていれば、続けたらいいだろう。

僕は恐山で、禅僧の南直哉《みなみじきさい》さんのもとで座禅をやったことがある。そのときは「茂木さん、何かできてますね」と褒められた。僕はそれ以前からマインドフルネスになる自分なりの方法を体得できていたので、あえて座禅を続けようとは思わなかったのだ。

その体験から言えるのは、マインドフルネス状態になれないと困っていない人が、お寺で座禅をして呼吸を整えても、なかなか瞑想状態に入れないかもしれない。無理はしなくていいと思う。

多くの人に聞き取り調査した結果からも、マインドフルネスと座禅の習慣はあんまり関係ないのではないかと考えている。もしかしたら、座禅をやる人たちがマインドフルネスの概念を間違って捉えているのかもしれない。

僕の評価では、スティーブ・ジョブズなどは、比較的座禅と親和性の高い人だったと思う。Ｇｏｏｇｌｅも心を整えるマインドフルネスのために瞑想を採り入れた。しかしイーロン・マスクはそういうことはしない。ただ、マスク自身は、彼のＸへの投稿など公開情報を読む限りでは、座禅をしていなくても、マインドフルネスが高い人だと見ている。しっかりと世の中の動きを視界に捉えているからだ。

マスクの場合は、柔術のようなアクティブなマインドフルネスが合っているのかもしれない。

シャワーを浴びれば「感覚遮断」になり、マインドフルネス状態になれる

マインドフルネスの文化にも流行り廃りがあって、人によって合う合わないがある。

これがよいという風にお勧めするのは難しいが、とにかく日常を忙しくして、ムダに歩いたりする暇もない人、なおかつストレスアウトしているエグゼクティブに向いているのはシャワー。超多忙な人がいいと言っているのも最近よく耳にする。

シャワーを浴びているときは、いわゆる「感覚遮断」の状態に置かれるからだ。シャワーを浴びている数分間が、事実上、メディテーションタイムになるというわけだ。お風呂にゆっくり浸かる時間的余裕がない人でも、シャワーを浴びるぐらいはできるだろう。シャワーを浴びているときにはSNSもやれないから、仕事の情報から遮断される。完全にリラックスできる時間だろう。

僕が今まで会った人の中でもっとも「マインドフルネスな人だ」と思ったのは、前記した棋士の羽生善治さんだ。ある番組で対談したときに、僕は興味があって聞いたことがある。

「羽生さんは、休みの日は何をされているんですか?」

するとと羽生さんはこう答えた。

「ソファに座ってのんびりしています」

〝のんびり〟って何をしているのだろうと、さらに尋ねた。

「本を読んだり音楽を聴いたりしているんですか？」

「いや、ただソファに座って何時間もボーッとしているだけです」

羽生さんは将棋を指すとき、千手先まで読んでいるという。一つの手を考えるのに約一秒かかるというから、次の一手を指すのに一時間かかることもある。名人戦ともなると、朝の九時から夜九時まで将棋を指すという対局が丸二日間続く。常人には到底不可能なほどの、すさまじい集中力と情報処理能力が求められることは、想像に難くない。

羽生さんがオフの日に何時間もボーッとしていたい気持ちも少しわかる気がした。

そうしたマインドフルネスの時間には、先ほど触れた「デフォルト・モード・ネットワーク」を活性化させることができる。これはランニングをしているときにも機能が活発になる。僕はランニングを続けているが、確かに、その効果を実感できることがある。

複数人で1つの結論を出すなら、長い散歩をするべき

決断を出すのが難しい問題に対して、結論を出さなくてはならないとき、あなたなら

どうするだろうか。

Ａｐｐｌｅのスティーブ・ジョブズは徹底的に歩いた。

彼はＡｐｐｌｅのキャンパスがあるパロアルトの近くを、三時間も四時間もずっと歩いていたそうだ。脳科学の教科書的にいえば、歩くことで、先ほども言及した脳のデフォルト・モード・ネットワークが活性化する、ということになるのだが、ジョブズが口にした表現は、「ドットとドットを結ぶ」。おそらく断片化していた情報やアイデアが結びついて、自分の行くべき方向が見つかったり、Ａｐｐｌｅが向かうべき方向が決まったりしていたのだろう。

大事な決断をするとき、歩くという行為は一見無駄な行動のように思うけれども、ジョブズにしてみれば大切な時間だったのだ。

もう一つ興味深いことは、複数の人と何らかのテーマについて結論を出さなければいけないときには、複数の人と一緒に歩き、話すのもよいことだ。

ジョブズの有名な伝記の中で語られるエピソードにこんな話がある。ビル・ゲイツがＭｉｃｒｏｓｏｆｔのＣＥＯだったとき、Ｗｉｎｄｏｗｓ95を発売するとジョブズに言った。

ジョブズとゲイツは、元々仲が良かったのだけれど、Windows95はMacOSのユーザーインターフェースに極めて似ていた。のちにジョブズは冗談半分で、「WindowsはMacOSから盗んだんだ」と言っていたが、訴訟を起こすことはなく、あくまでも仲のいい者同士の冗談だったと思う。

いずれにしても、ゲイツがWindows95を出すことをジョブズに伝える必要があった。ジョブズにとって、競合会社であるMicrosoftがWindows95を出すのは一大事。でもWindows95の発売を止められるわけではない。ゲイツとしては、事前にジョブズの耳に入れておきたいと思ったのだろう。

AppleのCEO室で話す選択肢もあったと思う。しかしジョブズは散歩に誘った。そして何時間もパロアルトの近郊を歩きながら話していたのだろう。それでWindows95を出していいよということになったのだ。

もし、友だちや家族、会社の同僚などと少し込み入った話があって、複数の人が関わって決めなくてはならないようなことがあるときには、長い散歩に連れ出すのはとてもいいことだと思う。

直感にこそ人柄や人生観、価値観が現れる

脳の働きに腸が関係していることが知られるようになってきた。それについて述べる前に、直感の話をしたい。脳と腸のつながりに関係があるからだ。直感にまつわる記憶でいまも鮮明なのは、僕が理化学研究所からケンブリッジ大学に留学し、そのあとに就職したソニーコンピュータサイエンス研究所にまつわるエピソードだ。

ケンブリッジ大学を卒業する頃、民間の研究所に行くという考えはまったくなかった。ところが、ソニーコンピュータサイエンス研究所から誘われた。厳密に言うと、いま、ソニーグループ副社長である北野宏明《きたのひろあき》さんに声をかけてもらった。僕がケンブリッジ大学にいるときに、北野さんがわざわざ会いに来てくれたのだ。いろいろ語り合ったのだが、その中で、北野宏明さんが、うちの研究所は面白いよと言っていたのを覚えている。そのほかにもいろいろと話したのだが、そのときの印象から、

「この人がいるところだったら大丈夫だろう」

そう直感したのだ。

結果的にその直感は正しかったのだが、就職の決め手になったのは北野さんという人物への信頼感と彼が面白い研究所だと言った言葉だけ。

この感覚は間違っていなかった。

十二月一日から出社だったのだが、初日は僕にしては珍しく一応ジャケットとネクタイのスタイルで行った。ところが研究者のみんなはTシャツやジーンズというラフなファッション。

そのとき、この会社のことをすべて悟った。

そう思ったのは、たとえば会議のときだ。

今では当たり前の風景かもしれないが、会議の風景がきわめて〝自由〟だったのだ。コンピュータサイエンスの専門家が集まっているので、グループに分かれている。日本のインターネットの父と言われている村井純《むらいじゅん》さんのプロジェクトに関わっているグループなどがあったのだが、みんな会議のとき、〝内職〟をしているのだ。机の上にはコンピュータを出して、「そうですよね」とか口でいいながら頷いていたり、キーボードを叩いているのだが、明らかに会議の内容とは別のメールを打ったりしている。ハッキリ言って原稿や論文を書いたりしている人もいた。でも、話は聞いている。みんな情報処理能力が高い。

誰も咎められない。本当に自由な環境だった。

それを見て、ここに来てよかったなとつくづく思った。居心地がよく、僕はいまでもこの研究所に籍を置いている。

ソニーコンピュータサイエンス研究所に入ろうとした決断もそうだが、重大な判断をしたはずなのに、その理由を思い出せないことがある。そういう決断は、直感で決めた可能性は少なくない。

「直感」が働くか否かで、人生が変わってしまうことがある。

若宮正子《わかみやまさこ》という女性がいる。

銀行員時代の一九九〇年代に初めてパソコンを買い、退職後の七十歳を過ぎて表計算ソフト「エクセル」を使って色鮮やかな図案を描く「エクセルアート」を考案し、八十二歳のときに、高齢者が楽しめるスマートフォン用ゲームアプリを開発した。二〇一四年には「ＴＥＤｘＴｏｋｙｏ」に登壇し、英語でスピーチをした、一九三五年生まれの世界最高齢プログラマーだ。

その若宮さんは、ゲームアプリを開発したとき、突然、アメリカのテレビ局ＣＮＮからメールを受け取った。

〈これから一時間以内に質問に対する回答を送ってほしい〉

送ってくれたら、ニュースサイトに記事を載せるというわけだ。

回答するといっても、若宮さんは英語が十分できない。

困った彼女がとっさに思いついたのが、Ｇｏｏｇｌｅ翻訳アプリを使うこと。日本語を翻訳サイトで自動翻訳して、英訳された英文をそれぞれの回答欄にコピペして、ギリギリ一時間以内に回答をＣＮＮにメール送信することができた。その結果、若宮さんのニュースは全世界に配信され、彼女のことが広く知られるきっかけになった。いまの若宮さんの活躍につながるターニングポイントだったのだ。

普通の人ならば、ＣＮＮから英文のメールが来て、英語に自信がなかったら回答を躊躇するかもしれない。迷惑メールかと思って、ゴミ箱に捨ててしまうかもしれない。また翻訳アプリを知っていていても、コピペなんかで英語の質問に答えていいのだろうかと考えるかもしれない。そんな風に解釈して答えなければ、今の若宮さんはないかもしれない。

経験がない問題に直面した場合、どう決断するかに関しては十分考えるにしても、最後は直感で決めるしかない。その直感にこそ、その人の人柄や人生観、価値観が全て現れるような気がする。

容易に答えが出ないような状況で、どう判断して行動するかに、その人の自由意志が如実に反映される。

われわれは知らず知らずのうちに、自分がやれると思う範囲、やっていいという範囲を、勝手に制約してしまっているところがある。ときに直感を信じてチャレンジしてみるのもいいだろう。

腸内の健康状態は意思決定に大きな影響を与える

さて、この直感を支える役割として大きく貢献しているのが、内臓感覚（ガッツ・

フィーリング）である。アメリカの神経学者・心理学者であるアントニオ・ダマシオが提唱していることだが、我々の直感とはどこから出てくるのかというと、実は脳だけではない。

ここへ来て、「脳腸相関」という言葉がよく使われるようになったが、脳と腸はコミュニケーションをしていることが明らかになっている。脳と腸が情報交換するときの言葉にあたるのが「神経伝達物質」というものなのだが、腸内細菌の状態が悪いと、脳にも悪い影響を与えるし、逆に腸内細菌のバランスがいいと脳にもポジティブな影響を与える。だから腸内の健康状態は、意思決定や適切な選択、直感に大きな影響を与えるのである。

ダマシオが言う内臓感覚は、いわば第六感だから、非科学的に感じるかもしれないが、見る・聞く・触る・味わう・嗅ぐの五感に加えたもう一つの感覚なのだ。深部の感覚も含めて、いろいろな情報が体の中から出ている。たとえば、「何となく虫がすかない」とか、「腹に落ちない」「ここに居たくないな」、逆に「虫がすく」「腹に落ちる」「ここは心地いい。ずっと居たい」といった感覚。そうした状況に対する反応が体にある。

脳でロジカルに考えるだけではなく、体から来るシグナルを我々は受け止めたほうがよい。ロジックをいくら積み重ねていっても、最後の最後でこうする、というのは、やはり自分の体全体から得た情報で決める。そこで内臓感覚が重要になってくる。

『オッペンハイマー』(二〇二三年)という映画がある。

第二次世界大戦中、物理学者のロバート・オッペンハイマーが、マンハッタン計画の原爆開発プロジェクト委員長に任命される。

この計画には、リチャード・ファインマンというノーベル物理学賞をとった人物が参加。ファインマンは主要なサイエンティストの一人だった。

ただ、この計画に関わった一部の科学者を除いて、計画の中身はトップシークレットになっていた。情報漏洩を避けるためなので、仕方なかったが、支障が出てくる。計画の進捗状況が芳しくなかったのだ。

アメリカ政府としては計画を急ぎたい。そこでファインマンが将軍に、「現場に何をやってるかをこのまま知らせないと、なかなか急ピッチには進まないと思うんで、現場の技術者たちにウラン濃縮していることを言ってはどうかと思う」と直談判に行く。

そのときに将軍は、情報漏洩のリスクと、計画を明かさないために生じる業務スピードの低下を天秤にかける。かなり悩んだと思われる。

そこで将軍はファインマンに「ちょっと待ってくれ」と言って、五分ほど自室で考える。部屋の窓の外を眺めながら考える。

五分後、振り返って言う。

「わかった、じゃあ科学者、技術者たちに伝えてくれ。ウランを濃縮している事実を伝えてくれ」

意思決定についてトレーニングされている将軍の判断の仕方はこういうものなのかと思った。ここでつくられた原爆が広島・長崎に投下されて、未曽有の惨劇が起こったわけで、これは許しがたいことである。

しかしこのストーリーを当時のアメリカ政府の側から見ると、この将軍の判断は正しかったことになる。情報は漏れず、しかも計画は急ピッチで進んだ。人類で初めてのことを行っているわけで、将軍は正解のない問題を突きつけられた。それにトレーニングされた将軍は、直感でアメリカにとってのベストの答えをだしたのだ。

もし将軍が技術者に伝えなければ、広島・長崎への原爆の投下がなかったかもしれないと思うと何ともいえない気持ちになる。

食生活に気を使って腸内細菌のバランスをよくするのが大事

直感に影響を与える内臓感覚をよくするには、食生活に気を使って腸内細菌のバランス、腸内フローラをよくすることが大事なのはいうまでもない。

腸内フローラを整える食事とはどんなものか。

たとえば「善玉菌を含む食品」と「善玉菌の餌となる食品」を一緒に摂ることが必要だといわれる。

実は、こうした食事は日本人にとってハードルが高くない。

まず善玉菌を含む食品の一例をあげると、ヨーグルト、納豆、漬け物、みそ、チーズなどの発酵食品がある。日本人が日常的に口にするものが含まれている。発酵食品には、乳酸菌やビフィズス菌など善玉菌が含まれていて、腸内フローラを整えてくれる。

善玉菌の餌となる栄養素は、食物繊維とオリゴ糖だ。どちらも、腸内で善玉菌を増やす助けになる。食物繊維を多く含む食品をみていくと、たとえば野菜（ごぼう・にんじん・

ブロッコリー・ほうれん草)、いも類、きのこ類、海藻類、納豆をはじめとする豆類など。オリゴ糖を多く含むのは、玉ねぎ、ねぎ、にんにく、アスパラガスなどの野菜やバナナなどだが、これらもスーパーにいけば簡単に手に入るものばかりだ。

野菜や穀物中心の食生活を送ってきた日本人にとっては始めやすいが、近年では洋食化が進み、肉類中心の食生活に変化したため、こうした純和食から遠ざかっている人は多いかもしれない。結果、健康的な「腸内フローラ」を保つのが難しくなってしまっている場合がある。当てはまる人はぜひ和食にシフトしてほしい。

ストレスや睡眠不足も、悪玉菌を増やす要因になるので気をつけたいところだ。

〝腹が減っては戦ができぬ〟は正しい

腸内フローラの研究は今後もっと研究が進んで、どんな物を食べればよいかが明らかになってくるだろう。ただ、腸内フローラのために、どれだけの時間と手間をかけられるか。それだけ余裕のある人がいるかだが、もしそれをするのが難しい人は、日常の食習慣を整えることから始めてもいい。

いかに食事が大事かということを示す話がある。

たとえば、家庭環境があまり恵まれていない子どもたちの学習支援をしている人たちに話を聞いたことがある。

子どもたちの学習格差をなくすためにボランティアやNPO法人の皆さんが参加している。そういう人の話を聞いて、これは本質を突いているなと思ったのは、学校を終えて集まってくる子どもたちに、まず促すのはご飯を食べさせることだというのだ。家庭では栄養バランスが整った食事を摂れていない子どもが多いからだ。

前述したように、勉強も含めて、いろいろな意思決定をする場合、ぜんぶ脳で決めているのではなく、実は体全体で決めている。ということはお腹がすいていては話にならないのだ。

〝腹が減っては戦ができぬ〟は、正しいのである。

プラトンの最高傑作である『饗宴』(シュンポシオン)。シンポジウムの語源にもなっている言葉だが、当時は社交のための宴会を意味していた。美の本質とは何かなどについて話し合っているのだが、古代ギリシャ人たちは、みんな飲んだり食べたりしてばかりいた。とにかくご飯を食べながら議論していたのだ。

僕が留学したケンブリッジ大学、トリニティ・カレッジの学問の進め方は、学生たちが一緒にご飯を食べるのが基本だった。毎日カレッジに行って、僕が世話になったトリニティのフェロー、それからノーベル賞学者もいた。そんな面々がみんなでテーブルを囲むのだ。

とにかくみんなずっと喋っていた。脳腸相関との関係はわからないけれど、食べながら喋ると、充実した議論ができることを経験則で知っていたのではないかと思う。それが伝統になっていた。

ジョン・キャスティが書いた『ケンブリッジ・クインテット』という小説がある。そこにはヴィトゲンシュタイン、チューリング、ラッセルもいたかもしれないが、とにかく五人の学者が、食事をしながら延々と議論するところが描かれている。議論と食事は密接に関係しているのだ。

脳腸相関については、まだ研究が始まったばかりなのだが、理論的にはかなり面白い分野だ。食事をしっかり摂らないで下した経営判断は質が低いという研究が今後でてくるかもしれない。

会社の経営が危機に陥ると、寝食を忘れて立て直しに奮闘するということが美談になったりするが、本来はご飯をしっかり食べてから考える方が質の高い判断ができる——これに関してはデータがある。

それ以外にも、食べることが大切だということをうかがわせる話がある。

小津安二郎の映画『秋刀魚の味』（一九六二年）に、娘の結婚に父親が心配になって、娘の縁談相手について、息子（娘の兄）に意見を聞きに行くシーンがある。そのときご飯を食べる。妹の縁談を進めていいものかを相談するのに、ご飯を食べないとちゃんとした話し合いができないというわけだ。

それ以外にも、初めてのデートでも、うまいものを一緒に食べることが大事だったりする。

だから良い意思決定をするためには、ちゃんとご飯を食べなければいけないのである。

特定の人だけではなく あらゆる人に話を聞く

Ｇｏｏｇｌｅを今のような巨大企業にした「中興の祖」エリック・シュミット元ＣＥＯに、かつてインタビューしたことがある。

僕がＮＨＫ「プロフェッショナル～仕事の流儀」の司会者をしていた頃のことだ。そのインタビューの中で、印象に残っている彼の言葉がある。それはＣＥＯとして意思決定をするときに、どのような方法で行っているか、について話を聞いたときだ。

Ｇｏｏｇｌｅの中には、一部の天才エンジニアや、卓越した経営能力を持った人が複数いるが、そういう特定の優れた人だけに話を聞くのではなく、ありとあらゆる人に話を聞くと言ったのだ。

特に印象に残っている言葉は、

「最良なる少数の人よりも、平均的な人の意見を何十も聞いた方がいい」

「群衆の知恵（Wisdom of Crowds）」というわけだが、聞く人数については、平均的なレベルの人に三十人ぐらい聞くと言っていた記憶がある。

三十人に話を聞いて、「君はどう思うか」「あなたはどう？」と聞いていき、いろんな意見が集まってくる。たとえば陶器をいろいろな角度から眺めて全体像を摑むのと同じように、テーマに対していろいろな人に質問をする。さまざまな角度から光を当てることで、自分が知らなかった一面を知ることができる。

人に話を聞いたあとは、自分が一人で判断・決断する。ＣＥＯというのは孤独な立場だが、最後の最後は自分で判断するものだ。

「群衆の知恵」のメカニズムを実感するのは、たとえばスーパーの野菜や果物の値段だろうか。多くの人が「これぐらいじゃないか」と買って、その値段になんとなく落ち着いていく。

生鮮食料品でなくても、たとえば映画の評価でも、公開当初は一人ひとりの意見はバラバラなのだが、観客が増えて、みんなの意見が集まってくると評価が定まってくる。

どんな人に聞くかだが、テーマによって変えた方がよい。たとえば「核融合はこれからできるかどうか」という専門的なテーマに関しては、プラズマ物理といった専門家に聞くべきだ。しかしたとえば核融合にどれぐらい投資して、社会の中でどう実装していくのかといった生活者の視点が必要なテーマについては、一般人の考えをできるだけ採り入れて、総合的な判断をするのが相応しい。

意見の聞き方を間違えたのが、日中戦争のときだろう。日中戦争をこの先どうするかということについて、総合的に判断した上での意思決定だったかもしれないが、実際には、軍部の一部の意見を聞いただけで判断したために、泥沼になってしまった。

これは少し極端な例だったかもしれないが、総合的な判断が常に求められている時代なのだ。

誰でも生きていれば、人生の節目節目でいろいろな判断をしなければいけない局面が待ち受けている。進学、就職、転職、結婚、子育て、あるいは業務上の決断……。最後に決めるのは自分だけれども、いろいろな人の意見を聞くようにしてほしい。

意思決定にとって必要なのは現場のリアル

〝現場主義〟といえば、イーロン・マスクの名前があがる。

ウォルター・アイザックソンが書いた伝記『イーロン・マスク』（文藝春秋）によると、スペースXの工場に寝泊まりして、床の上で寝たりしている。何をするのかといえば、製造工程を全部自分の目で見て確認している。たとえばスペースXのロケット「スターシップ」に、腐食しないステンレススティールを使うことも彼が基本的に方針を決めている。

思った以上にハンズオン、つまり現場を大事にして、なおかつあらゆることにコミットして得た現場の情報や感覚を大事にして、的確な意思決定をする経営者なのだ。

ある日本人エスタブリッシュメントにまつわる、こんなエピソードを聞いたことがある。

その人はAさんの評価をしたいが決め手を欠いていた。するとあるパーティーに行くと、Aさんが芝生の上を裸足で歩いているのを見た。それを見た瞬間に、そのエスタブリッシュメントはAさんを信頼できると確信したという。

その前後の出来事、周囲の反応も関係していると思うが、裸足で歩いていた姿をみて、その人を信用する気になったこの逸話を聞いて、自分も確かにそういうことがあったなと思った。

自分のことを振り返ってみても、ちょっとした瞬間のしぐさで相手を信用できたり、遠ざけようと思ったりすることはある。こいつは面倒くさいヤツだけど、いいやつだから仲間にしようと思う瞬間もある。

一言でいえば、リアルな人間関係、「現場」の大切さなのだが、それを大事にしてほしいと思う。たとえそれが対面でなく、リモートの環境で話すときでも同じだ。

今、重要だと言われていることに、「オープン・ソース・インテリジェンス（オシント）」と、「ヒューマン・インテリジェンス（ヒューミント）」がある。文字通り、オシントは、一般に公開されていて、基本的に誰でもアクセスできる情報、ヒューミントは人との関わりのなかで得られる情報を指す。

社会には、かなり重要な情報も公開されている。たとえば、会社の経営者の人と話していると、利害関係のある会社やライバル企業の財務状況などをかなり詳しく把握しているケースが珍しくない。経営状態に関しても、かなり詳細なところまでわかっている。まずはそうした情報を可能な限り集めることだ。

サッカー元日本代表で、現在解説者として活躍する北澤豪《きたざわつよし》さんの話を聞いて印象的だったのは、いまでもヨーロッパの主要リーグで行われる試合を毎週何十試合も見るという。そうでなければ、最新のリーグやチームの状況、チームや選手の特徴などがわからないからだ。

そうした情報の上に、ヒューミントを積み上げていく。北澤さんの場合ならば、欧州リーグで活躍する選手などにも取材して、最新情報を聞くことになるだろう。

たとえばどの大学を受験しようかと考えるとき、まず公開されている情報を集めることから始める。それでも分からない場合には、その大学に在学している人や卒業生から話を聞いたり、そういう人がいなければ学園祭など一般の人でも参加できるイベントに足を運んだりする。そうすれば学校が明らかにしていないナマの情報を入手するかもしれない。

意思決定には、オシントとヒューミントの両方が重要なことを認識してほしい。

一度決めたことでも周囲の状況で変えていく

前に述べたことと、やや矛盾するように思われる方もいるかもしれないが、一度決めたことを改める判断を躊躇しない姿勢も大切である。

現代は変化が激しい時代だ。かつての五〜七年が一年ぐらいに相当するぐらいの速さで事態が急展開していくケースもある。

こういう時代には、いったん決めたことでも、事態の変化をみながら、変えることを恐れてはいけない。

バスケットボールに〝ピボット〟という動作がある。軸足を中心にクルクル回り身体の方向を変え、敵味方のポジションを見ながらどこにパスをするか、あるいはドリブルしようかと考える。そんな風に、一度決めたことでも周囲の状況をみながら変えていく。

今の時代、「ブレない」ことが評価されるので、変えることを躊躇してしまったり、変えることを恥ずかしいと思ったりするかもしれないが、変える決断も大事なのだ。

もちろん、何を決めてもしょっちゅう変えてしまう「朝令暮改型」になると、会社の社員も疑心暗鬼になるだろう。しかし、変えるときの説明さえ失敗しなければそうはならない。

しっかりと先を見据えて、シミュレーションもしっかりした上で、変更した方がよいと判断したことを正確にアナウンスすれば、社員は心配になったりはしない。朝令暮改であること自体が、マイナス評価の対象になるのではなく、その判断がどれぐらい的確な認識と、状況把握に基づいたものかが勝負となる。

一番いけないのは、いわゆる〝慣性の法則〟。ダラダラと、一度決めた決断を変えず、その延長線上で選択を積み重ねていくことだ。

「コンコルド効果」という言葉がある。フランスとイギリスが共同開発していた超音速ジェット「コンコルド」に関して、これだけの予算と時間などをかけたのだから、途中でやめるのはもったいないとプロジェクトに引き続き資金と人的資源を投入し続けたが、最終的には採算があわず商業的にも大失敗した。

前記したサンクコストを認められない「もったいない」という心理が、損失を大きくしてしまった。

難しい判断だが、日本には成功例がある。

たとえばTOPPAN。かつては凸版印刷という文字通り印刷会社だったわけだが、「情報コミュニケーション」「生活・産業」「エレクトロニクス」、最近ではDX（デジタルトランスフォーメーション）を支援したり、SDGsへの取り組みを強化したりと、印刷以外の仕事が六割になっているという。つまり、かつてとは全然違う会社になっているのだ。だから社名も二〇二三年、アルファベット表記に変えた。

ソニーも、エレクトロニクスや半導体の分野で卓越しつつ、銀行や音楽、ピクチャーズを含めた総合的なグローバル企業になっている。

今後は変わっていくことを恐れない企業や個人が、成功していく時代なのだ。

OpenAIのChatGPTはいま世の中を席巻しているが、この会社でさえいつまで続くかはわからない。

堀があるお城のように守れていればいいが、OpenAIには堀はない。その状態でいかに卓越性を保っていけるかは、結局ピボットをしながら状況をみつめ、決めていくしかない。

そのときに、「相手の動きに合わせて、柔軟に自分の体も動かす柔術」の感覚や、「何かに注意を置きすぎず、全体を柔らかく見る」という宮本武蔵が唱えた対応の仕方が役に立つのだろう。

一人になっても我が道を行く「アインシュタイン方式」

日々、いろいろな選択をするが、たとえば容易な仕事と難しい仕事、どちらかを選んでほしいと言われた場合、どうするだろうか？

多くは、容易な、やさしい仕事を選びがちなのではないか。やさしい仕事ではなくても、以前経験したことがあったり、慣れていたりして、ハードルが低そうな仕事を選びがちだ。誰だってしんどい思いをしたり失敗したりしたくないので、ある程度は見当が付いた仕事を選ぶような気がする。

ただ、僕の敬愛するアインシュタインは、あえて難しい仕事を選んだ人である。彼は会社こそつくらなかったけれども、理論、思考の世界におけるイノベーターであることは間違いない。その他大勢が一方向に走っている間に、アインシュタインはまったく逆の方向に進んでいく。晩年の統一場理論というのもそうだし、量子力学もそうである。

相対性理論はアインシュタインがほぼ独力で作り上げた理論だが、量了力学は多くの物理学者の議論などによって確立された理論だ。そんないきさつもあって、量子力学には物理学者によって立場の違いがある。なかでも標準的で、多数派とされているのが、ボーアが提唱した「コペンハーゲン解釈」だ。しかしアインシュタインは「コペンハーゲン解釈」に異議を唱え、ボーアと論争を展開した。

アインシュタインは大学を卒業したときも、同級生たちのように、安易に指導教授に媚を売って大学に職を得たりしないで、最初は家庭教師をし、その後、特許局に勤務した。社会人としてのこうした序盤戦は傍目にも芳しいものではなかったけれど、結婚した女性は、アインシュタインを信じる。そして、ことあるごとに支援したのである。

そのおかげもあったと思うが、アインシュタインは相対性理論などで実績をあげていく。

うまくいかなかったのが統一場理論、量子力学におけるアインシュタインの異議申し立てなのだろうが、百年後、二百年後、どうなるかわからない。

このアインシュタイン方式で歩もうとすれば、一人になっても我が道を行くという強いメンタルを持たなければいけないが、困難な道を選んだ方が、そこに行く人は少ないから、結果としてイノベーションに成功すれば、ブルーオーシャンであるがゆえに成果を独り占めすることができる。

僕はこの態度は素晴らしいと思っている。

望ましい困難は
脳にとって成長のチャンス

アインシュタインに励まされたともいえるが、すでに書いたとおり、僕も意識研究においては、我が道を行っている。意識研究の主流は、フリーエネルギーや、統合情報理論（IIT：Integrated Information Theory）といった統計的なアプローチを用いるのだが、僕はそれに対して一貫して反対している。詳しくは『脳とクオリア』（講談社）という本に書いているが、とはいえ、その先がなかなかすんなりいかない。

実感として言えるのは、困難な課題に挑戦した方が成長できる機会が大きいということとだ。

「望ましい困難（desirable difficulties）」という言葉がある。著名な研究者であるロバート・ビョークが提唱したことなのだが、簡単な学習をいくら繰り返しても深い理解は得られない。しかし脳に適度な負荷がかかる勉強の方が効果があるというのだ。負荷がかかった方が、創造性を発揮できるからだ。

少し違う視点から、難しいことにチャレンジしているときの脳の状態を見てみると、中脳から前頭葉のドーパミン系というのは、ある程度難しい問題に突き当たると活動が活発になる。わかりやすい、容易にできるということを何度やったところで、ドーパミン系の活動はあまり高くならないのだ。

なぜだろう。

新しいことに挑戦するとき、最初はできなくてイライラすることもあるけれど、継続していれば、少しずつ「できた！」という達成感が味わえる。それでドーパミン系は刺激されるのだ。

もちろんまったく足下にも及ばないほど不可能なことに挑戦するのは厳しいかもしれないが、当人に難しさが認識できているということは、脳にとっての成長するチャンスなのだ。

チャレンジは常に人間にとっては喜ばしいことなのだ。

イーロン・マスクの意思決定の仕方

他人に「あり得ない」とか「馬鹿げている」と言われていることは、やはり関わらないほうがいいのかと思いがちだ。

しかしイーロン・マスクはそうは考えない。

マスクは、「クレバー・フーリッシュ・マトリックス」を持っていて、他人から見たらフーリッシュ（馬鹿げている）と捉えられていることでも、自分でよく考えたら、クレバー（賢い）だと思うことについては、後者の道を選ぶべきだと判断する。この考え方が、イーロン・マスク方式である。

たとえば東京大学に合格して、弁護士資格とかいろいろな資格試験にパスしている人がいる。ただ、そういう人は、レッドオーシャンの中を勝ち抜いてきた人という意味では優秀な人だけれども、他にもたくさんの人が入学しているわけで、オリジナリティはない。

一方のイーロン・マスクは、彼の実績を振り返ってみると、まずテスラという電気自動車がなかなか世の中に普及していかなかったが、時代が追いついてきた。

またスペースXが、打ち上げにおいて、ブースター（ロケット本体）を再利用すると言ったときには、宇宙開発の専門家たちは異口同音に「馬鹿じゃないか」と批判した。打ち上げをしたあと、ブースターがブーメランのように戻るなど、聞いたことがない。これまでも全部使い捨てだった。その方が技術的には簡単だった。

しかしマスクは考えた。再回収することによってコストを劇的に減らせると。もちろん再回収することで資源の浪費を減らせる。

再回収を目指しても、成功するには至らず、失敗の連続だった。

しかし、ついにマスクの願いが叶うときがきた。

二〇一八年二月、「ファルコン・ヘビー」というスペースX社が所有する大型ロケットが、ケネディ宇宙センターから無事、打ち上げに成功した。

すると離陸から約八分後、技術的に難しいと専門家から鼻で笑われていたブースターの回収に成功したのだ。ロケットを逆噴射させることで、三基のうちの二基のブースターが、フロリダ州のケープカナベラル空軍基地へ着陸したのである。しかも両基は予定していた場所に、真っ直ぐ垂直に降り、着陸した。破損や故障もなかった。マスクが当初イメージしていた、整備して再び宇宙に飛ばす「再利用」も可能になった。なお、三機のうち一機は、回収に失敗している。

周囲が無理じゃないかと首を捻ることへの挑戦を、マスクは他でも試みている。脳とコンピュータとの間で、大量の情報をやり取りできる技術、磁気浮上で最高時速千キロを出せるという「ハイパーループ」も、多くの人が「ちょっとこれ無理なんじゃない？」「バカなんじゃない？」と疑問視していた。しかしマスク本人は考え抜いたことで、やればそこはブルーオーシャンになるわけだ。

ただ、マスクはノーというときには、絶対に首を縦に振らない。

たとえば、前記した空飛ぶ車、あとは永久機関を作ることである。永久機関を作ることについては、物理法則で禁じられているからだと。

言うまでもないことだが、他人から見て馬鹿で、自分も不可能だと思ったプランは実行してはいけない。

高揚を得られるかが選択のポイント
～エクスペリエンスド・ユーティリティとチョイス・ユーティリティ～

たとえばランチに何を食べようかと考えたとき、頭の中にラーメン、カレー、カツ丼が浮かんでいるとしよう。その日は、たまたまカツ丼が食べたい気分だった。

この決断を学問的に分析すると、ラーメンやカレーよりも、カツ丼の方が「高揚が得られる」「幸せな気分になる」と認識されたから選んだというのが、行動経済学の理論でいう「チョイス・ユーティリティ」である。

それで、実際にカツ丼を食べた。美味しかったとか、期待したほどではなかったとか、感想は複数あると思うが、食べたとき、どれぐらい幸せを感じられたかを「エクスペリエンスド・ユーティリティ」という。いわば結果論である。

たとえば偶然知り合った異性と仲良くなったとき、「その人とお付き合いをするか・しないか」に関して迷ったとする。この人とお付き合いしてどれぐらい楽しいか、幸せになれるかを考える。要するに「効用関数の予想」なのだ。

そういうとき人はどうやって判断するのかといえば、過去の経験を振り返って評価することになる。過去に経験したことで、どんなことが起きたのかを想い出の中から取りだして、あのときの彼・彼女に似ているかも、とか、手痛い失恋を経験したあの彼・彼女に雰囲気が似ているとか……。そうした過去の経験による蓄積から予測していく。過去に経験されたエクスペリエンスド・ユーティリティ、つまり満足度、もっというと、過去の「通信簿」みたいなものが、未来の選択、チョイス・ユーティリティに影響を与えているわけだ。

僕は、「アフォガード」というイタリアのデザートが好きだ。バニラアイスクリームにエスプレッソをかけたもの。なぜ好きかというと、自分はせっかちな性格だから。以前、アフォガードを食べたとき、これはすごいと思った。バニラアイスとエスプレッソを別々に味わうより早いし、美味しい。一石二鳥でいいなと思ったのだ。そういうエクスペリエンスド・ユーティリティがあるから、お店に行ってアフォガードがあれば迷いなく食べる。あるいは、そのメニューがある店に行きたくなるのだ。

迷ったときは高揚感を得られるものを選択することが大事なのだ。

生物学的には利他的行動が自分のためになる

他人のために何かをすることを「利他的行動」という。

たとえば、駅のプラットフォームで次の電車が来るのを並んで待っている列に、横から順番を無視して割り込んで来る人に対して注意する人がいる。それによって、まわりの人は気づきつつも言えなかったので、「注意してくれてありがとう」と思う。

こうした行動は利他的だが、必ずしも自分の得にならない。注意された人が怒って、殴りかかってくるかもしれず、危険さえ伴う。

利他的行動を考えるとき、生物学者と脳科学者とでは捉え方が違う。

まず生物学者の考え方はこうだ。

利他的なことを日常生活の中でやっていくと、それが巡りめぐって自分のためになる。またそうした遺伝子が生存する、その遺伝子が子孫にも受け継がれていく……というのは生物学者の考え方だ。

遺伝子に関連した論文に「ミート・フォー・セックス」がある。

オスのチンパンジーが野生下で狩りをして、それによって得た動物の肉を自分だけでは食べきれないので、他のチンパンジーに配る。そのときメスのチンパンジーにも肉をわけるのだが、どれぐらいの肉を上げたら、交尾に成功するかを地道に調べた研究だ。

結果はどうだったかといえば、やはり肉をあげたほうが交尾する確率が有意に上がるらしい。

面白いのは、どれぐらいの肉の量が効き目があったかという点。百グラムで十分というところが面白い。それ以上与えても意味がないということだ。

狩りという活動は、一歩間違うと反撃されて逆に命を落とす危険性もあるのだが、その危険性を天秤にかけても、狩りに向かい、死にものぐるいで手に入れた肉を他のチンパンジーにわけることで、子孫を残す。チンパンジーは遺伝子を残す方法と実現性の高い方法を知っていたのだ。

自分の利益を犠牲にすれば、的確な意思決定ができるようになる

それに対して脳科学者は、違う視点から利他性を考える。利他的行動は実は自分のための行動であるという解釈だ。社会的な動物である人間の中には、脳には利他的な回路があって、他人のために何かをすることで自分が喜びを感じる。人は褒められたり、感謝されるとドーパミンという脳内物質が分泌され脳が喜びを感じるのだ。

もう一つの考え方もある。次のようなケースだ。

「最後通牒ゲーム」。ここに百万円あったとする。AがBに取り分を提案する。たとえば、Aの取り分は九十九万円、Bは一万円という不公平な配分を提案されたとしよう。提案されたB側は、最後通牒を受け入れるか拒絶するかの二者選択しかなく、もし受け入れれば、提案されたお金をもらえるが、拒絶すれば二人ともゼロになる。つまり、どんなにひどい分配額を提示されても、受け入れるほうが得なのである。

しかし人間によっては、不公平な提案をされると、自分が損をするとわかっていても、

なぜか拒否をする場合がある。狙いは拒否した結果、Aを注意することになるからだ。注意を受けたAがこれからフェアな振る舞いをするようになれば、社会全体が得をすることになる。

自分の利益を犠牲にして、社会全体の利益を図る利他主義の進化という文脈で「最後通牒ゲーム」が研究されている。

「ミーム」という言葉があるが、これはまさに、子孫（遺伝子）を残さなくても、振る舞いやアート・作品など文化的なものだが、それが人に伝播していくという考え方だ。それが人の幸せにつながる。利他的行動も作品の一つに入るのではないか。

こうした利他的行動を日々心がけていれば、その人の生き方が変わってくる。それを長く続けていくと脳の中のシナプスのつながりも少しずつ変化し、的確な意思決定ができるようになる。

脳科学的には他人のために動くと、運は引き寄せられる

利他性は自分の脳の中の報酬系だと思いきや、近年の研究で、利他的行動が、自分以外の人の脳にも波及していることが明らかになってきた。

脳の中に、利他的な行動をするとつくられる「ブレインコイン」という回路がある。ブレインコインの回路は、頭頂葉、前頭葉、側頭葉にまたがっており、一部、脳がアイドリングしているときにだけ活動するデフォルト・モード・ネットワークと重なっている。そして、このブレインコイン回路は、その脳の持ち主が、他人のためやコミュニティのために利他的行動をすると、その回路の活動が活発になることがわかった。他人のことを考えて行動することでブレインコインの回路が活性化するのだ。

その活動のレベルと継続時間の積に比例する活動を見せる神経細胞が、扁桃体《へんとうたい》や線条体などの領域で見つかっている。しかもその記憶は長期間続く。つまり、利他的行動がかなり長く「貯金」されるのだ。

この研究で画期的だったのは、他人のためにがんばっているということが、自分の脳だけでなく、周囲の人の脳にも記録されること。つまり、利他的行動の「分散台帳」ができるわけだ。暗号資産における「プルーフ・オブ・ワーク」といった評価の仕方とも関係している。

利他的行動をとっている相手を見て、「あいつがんばっている」「あの子、他人のために力を尽くしている」という貢献性が、まわりの人の脳のネットワークに分散台帳として記録される。その結果、利他行動を取った人が困ったときに助けてもらえることがあるかもしれない。運を引き寄せることになるのだ。

ブレインコインの実例、つまり多くの人にいい影響を与えた人として、トーマス・エジソンやフローレンス・ナイチンゲール、日本では福澤諭吉が挙げられるかもしれない。

温かい食べ物・飲み物だけでメンタルが落ち着き利他的になる

食べ物によって利他的な態度になりやすいという知見を付け加えたい。

「メンタルの調子が悪いな」と感じたときは、温かいものを摂ったほうがいい。身体感覚や身体運動が、脳の認知情報処理回路に影響を与えるという「身体化された認知」という研究があるからだ。

たとえば、ここに冷たいコーヒーが入ったカップと、温かいコーヒーが入ったカップがあるとする。人は温かいカップを持ったときのほうが、冷たいカップを持ったときに比べると、他者に優しく接することが実験結果として表れているのだ。まったく同じ人間なのに、より利他的に振る舞えたのである。

この現象は、身体に触れる物理的な温かさが、人格の温かさと関係していることを示している。余談だが、もし誰かに頼みごとがある場合は、できるならアイスコーヒーを手渡しながら頼むのではなく、ホットコーヒーを渡して頼んだほうが、相手が受け入れてくれる可能性は高まる。

エピローグ

世の中には、手っ取り早く何かを手に入れる方法とか、マスターする方法が跋扈《ばっこ》しているが、脳に関して言えば、そんな方法はないことがここまで読んでもらえればわかってもらえたと思う。

脳は長い時間をかけてしか変わらないのだ。

結局、生きている瞬間、すべてが学習である。生きてきた今までの履歴のすべてが、今の脳の状態になっていて、それに基づいて、その人の意思決定、選択が行われるからだ。

どんな選択がなされるかは、ある意味では、「それまでの人生の全履歴の通知表」を突きつけられているようなものである。だから、どの瞬間もムダに生きられない。

こう書くとプレッシャーがかかるかもしれないが、人生の勝負は意外と長いということだ。たとえば「エリート」というと、子どものころから勉強ができて、偏差値の高い大学に入って、一流企業に入れるような人というイメージがあるかもしれないが、そうではない。本来のエリートは、ある意味直感にも優れ、正しい選択ができる人だということを、もう少し「文化」として共有した方がいいかもしれない。

脳はゆっくり変わって、年齢を重ねてもずっと変わっていく。瞬間瞬間の生き方で、若いころにずいぶん同世代と開いていた距離も、長い年月をかけて縮まることだって大いにありうる。

一人ひとりが人生の主人公なのだから、何をして、何を読んで、何を食べ、どんな経験をするかを真剣に考え、継続し、自分の人生の歴史を変えていくという感覚をもっと持ったほうがいい。

日本人は問題を出されても、ロクに考えもしないで、「正解はなんなのか?」と聞きたがる。よくうんざりするのが、「茂木さんのおすすめの本を教えてください」と聞かれるときだ。おすすめの本など、自分の直感で選ぶものだと思うからだ。僕が面白いからといって、その人に合っているかどうかもわからない。そもそも読むべき正解の本がこの世にあるわけがない。それをあると思わされているのは、それを自分で選んでいいんだという教育を受けてこなかったからだ。

意思決定をするとき、判断の向こう側に何が待ち受けているのだろうと不安になる気持ちはわかる。もちろん、うまくいかないときもあるだろう。

僕には何人か好きな作家がいるが、なかでも夏目漱石《なつめそうせき》が好きだし、尊敬もしている。たとえば『三四郎』に登場する広田先生。学問的にも優れた才能を持っている。広田先生の授業は、大学教授の授業を聞くより明らかに内容に優れ、有意義だと思う。なのに高校の英語教師にとどまっているのはもったいないと、三四郎の友人・与次郎らが中心になって広田先生を大学教授にしようと活動するが、功を奏さず失敗に終わる。

漱石が『三四郎』の中でそういう人物を造形したのは、漱石が生きていた明治時代も、今の日本と同じように、やや新自由主義的なところがあったのだが、そんな時代に成功しているとされる者たちの人間的な厭らしさや、至らなさを漱石は見抜いていたからだ。そこにあえて広田先生のような、世には全く知られていないけれど、優れた学識を持っていて、人間的にも優れている人を登場させたのだ。

『坊っちゃん』にも、赤シャツにマドンナをとられてしまう、うらなりのような人物が描かれている。人が好くて、騙されて、日向の山奥に転勤していく。

広田先生やうらなりは、意思決定という面でいえばうまくはやっていない。しかし誠実ではある。誠実であるがゆえに、うまく生きられないという人も世の中にはいる。でもそれはそれでひとつの人生だし、人間として素敵である。そういうところを漱石が捉えて描いているところが、やはり文学だ。

意思決定を正しく、精度高くということを言ってきた。もちろん成功する人生のほうがいいに決まっている。新自由主義のような世の中で、経済的に成功して華々しく活躍するのもいいかもしれない。でも、そういう姿がいちばん素晴らしいということを言いたいのではない。

むしろ、いろいろな巡り合わせや組み合わせでうまくいかないことも、ときにはあるのは事実であるし、生きていればそういうことは往々にしてある。

失敗ということでいえば、スタートアップ企業もうまくいかないことが多いし、スタートアップに限らず大抵のことは失敗がついてまわる。本書ではたびたび書いてきたが、失敗も正しい意思決定の礎となって、将来必ずプラスになって返ってくるはずだ。

いちばんいけないのは、失敗を恐れて、意思決定しないこと。

とにもかくにも、誠心誠意、一生懸命に取り組むことだ。楽しく生きていくという覚悟を決めて生きることだ。その覚悟さえあれば人生最強だと思うのだ。最強の人というのは、失うものがない、ということ。

いろいろな人に会って思うのだが、失敗も含めて、道を踏み外していない「優等生」タイプの人は伸び代が小さいということ。何かの基準があって、その基準に従っていれば、すべてのことは判断できると思っている人は大きいことはできないような気がする。

そうではなく、基準に従い行動し、道を踏み外して失敗した。その結果、それまで考えてきた基準ではダメなんだと心の底から気づいた経験がもしあれば、それが必ず糧になり、これから伸びていく土台になっていくと思う。

すべての経験は蓄積されてその人の栄養になる。そうして人は強くなるのだ。

失敗といえばスポーツにも負けはつきものだ。

最近、自分の中に隠されていた欲望があることに気がついた。

それは、「これからの人生はスポーツだと思って生きよう」ということ。

気づいたきっかけは、二〇二三年にフランスで行われていたラグビーワールドカップを観たからだ。

小学校のときにはかなりのスポーツ好きだった。が、才能が全くなく本当にポンコツだった。ただラグビーの試合をみていると、やっぱり俺、ラグビー好きなんだなと改めて思った。ラグビーだけでなくスポーツが好き。マラソングランドチャンピオンシップとか、パリオリンピックの代表が決まる大雨の中のレースとかにも惹かれる。

でも自分にはそういう才能がないから、そのレースに出ることはできないのだが、ふと「人生ってスポーツみたいなもんじゃないか」と思ったのだ。

たとえば僕が意識の研究で、クオリアを解明するのだという意思決定をしてチャレンジする――これはスポーツだと。英語圏を含めてグローバルにこういう活動をしたいというチャレンジもしているわけだが、それをみている世界の人たちを観客として捉えればいいのだと。〝なんかあいつ、ポンコツでまた負けてるんだな〟とか言われながら。

そういうふうにこれから人生を考えたら、一番すっきりするなと思った。うまくいかなくても、清々しい気持ちになるのではないかと。

たとえばアインシュタインが相対性理論を発見した・解明した、ということも一つのスポーツだと捉える。そう考えたときに人生について納得できると思ったのだ。

スポーツの何がいいかというと、「嘘」がないこと。

ルールがあってフェアに審判がジャッジをして、勝ちと負けが決まる。全力を尽くしても負けることがある——それがスポーツだし、そこがスポーツのいちばん好きなところだ。

ラグビーワールドカップのフランス大会準々決勝で、フランスが南アフリカに二九対二八と一点差で負けた。開催国だから、もしフランスが勝っていたら、準決勝、決勝と地元は盛り上がるはず。主催者側のビジネス的な観点では、そうなってほしかったに違いない。しかし勝負事だから仕方ない。そうはならないのがスポーツであり、そこがいいところなのだ。

テレビをみていて、実力もないのに所属事務所の力学だけでドラマの主役に起用されたり、お笑いの神様のように君臨していたりする人を見ると、腹が立つ。実力もないくせにと。

最後、この本のテーマから脱線してしまったが、自分の人生はスポーツの側にいるようにしたい。

著者
茂木 健一郎（もぎ・けんいちろう）

1962年、東京生まれ。東京大学理学部、法学部卒業後、東京大学大学院理学系研究科物理学専攻課程修了。理化学研究所、ケンブリッジ大学を経て、ソニーコンピュータサイエンス研究所上級研究員。東京大学大学院客員教授。2005年、『脳と仮想』（新潮社）で第4回小林秀雄賞を受賞。2009年、『今、ここからすべての場所へ』（筑摩書房）で第12回桑原武夫学芸賞を受賞。

ブックデザイン…三森健太（JUNGLE）
DTP…株式会社千秋社
校正…有限会社くすのき舎
編集協力…西所正道
編集…村嶋章紀

意志《いし》の取扱説明書《とりあつかいせつめいしょ》 心《こころ》を入《い》れ替《か》えようと頑張《がんば》っているあなたへ

2025年2月4日　初版第1刷発行

著　者………………茂木健一郎《もぎけんいちろう》
発行者………………岩野裕一
発行所………………株式会社実業之日本社
〒107-0062
東京都港区南青山6-6-22 emergence 2
電話（編集）03-6809-0473
（販売）03-6809-0495
https://www.j-n.co.jp/
印　刷………………三松堂株式会社
製　本………………株式会社ブックアート

ISBN978-4-408-65107-1（第二書籍）